ELISABETH MOLTMANN-WENDEL

Gib die Dinge der Jugend mit Grazie auf

Texte zur Lebenskunst

RADIUS

Elisabeth Moltmann-Wendel, geboren 1926 in Herne. Aufgewachsen in Potsdam. Geprägt durch märkische Natur, preußische Kultur und die Bekennende Kirche, der die Familie angehörte. Nach dem Krieg Studium der ev. Theologie in Berlin und Göttingen. Besonderes Interesse an gesellschaftskritischer reformatorischer Theologie, wie sie von H. J. Iwand, E. Wolf und O. Weber vertreten wurde. 1951 Promotion über den Kirchen- und Theologiebegriff des niederländischen Theologen Hermann Friedrich Kohlbrügge. 1952 Heirat mit Jürgen Moltmann. Durch den Ehestand Verlust aller weiteren kirchlichen Ausbildungsrechte. Zwischen 1955 und 1963 Geburt von vier Töchtern. Publizistische Tätigkeit, seit USA-Reisen ab 1972 vor allem im Bereich Frau – Theologie – Feminismus – Feministische Theologie. Vortrags-, Lehr- und Forschungstätigkeit im In- und Ausland. Die Autorin lebt in Tübingen.

Wichtigste Veröffentlichungen: Frauenbefreiung. Biblische und Theologische Argumente, München 1976 – Ein eigener Mensch werden. Frauen um Jesus, Gütersloh 1980 – Das Land, wo Milch und Honig fließt, Gütersloh 1985 – Wenn Gott und Körper sich begegnen, Gütersloh 1989 – Als Frau und Mann von Gott reden (zus. mit Jürgen Moltmann), München 1991. – Wer die Erde nicht berührt, kann den Himmel nicht erreichen, Zürich/ Hannover 1997 – 2002. – Wach auf meine Freundin. Die Wiederkehr der Gottesfreundschaft. Stuttgart 2000. – Macht der Mütterlichkeit, Berlin 2003.

ISBN 978-3-87173-103-7

Umschlag: André Baumeister
Gesamtherstellung: Clausen & Bosse, Leck
Printed in Germany

Inhalt

Für Marianne, Hans, Eberhard und Jürgen

Einleitung

Dies ist kein Buch des Alterns, sondern ein Buch der Lebenskunst: der Kunst, das, was uns eng macht, aufzugeben und neue Räume zu betreten. Denn Altern selbst ist keine Leistung – wir altern biologisch gesehen seit unserm ersten Lebenstag –, aber die eigene Lebenszeit annehmen und gestalten, darin kann Gelingen liegen. Wer bewusst lebt, merkt, dass er sich verändert, ob er achtzehn oder achtzig ist, und dass solche Veränderungen als Lebenskunst ihn ständig begleiten können.

Doch was sind die »Dinge der Jugend«? Zunächst scheinen sie begehrenswert, unbekümmert, vital, unternehmend zu sein. Doch sind sie es wirklich? Ist Jugend nicht auch geplagt von Unsicherheit, Unselbständigkeit, Abhängigkeit: Zukunftsangst, auf der Suche nach Idealen, die sich auch zu Ideologien entwickeln können?

Wir sollten nachdenken über die Dinge der Jugend, uns nicht an sie klammern und sogar Lust am Aufgeben gewinnen. Aufgeben ist nicht Abbrechen, das oft mit Gewalt verbunden ist. Die Frage geht an mich und meine Person: Was ist Ballast, Schwergewicht für mich? Wovon kann ich mich trennen?

Zu den Dingen der Jugend können Rituale gehören, die mal sinnvoll waren, aber nun in Routine überzugehen drohen. Was sind sie wert? Es können auch die kleinen Pünktlichkeiten, Sparsamkeiten, Streitigkeiten sein, die eigentlich unnötig sind und zwanghaft werden können.

Aber es sind auch die großen Ideale, die wir mit Ehrgeiz und Perfektion erreichen wollen, Träume von Schönheit, von Anerkennung, Visionen, die illusorisch blieben und von denen wir Abschied nehmen können. Dazu gehören auch Niederlagen, Demütigungen, enttäuschende Freundschaften und verlorene Liebesmühen, die unsere Kraft aufzehren.

Schwieriger aufzugeben sind die seit der Jugend erlebten und scheinbar für immer geltenden Denkmuster, Normen und Ideale, die unsere Zeit und Gesellschaft prägten: die die Welt aufteilten in gut und böse, die Gott alt und männlich in einem fernen Himmel thronen lassen, die Drachen auf abendländische Weise siegen sehen wollten, Niederlagen verdrängen und Trauer nicht zulassen konnten.

Über diese Jugendlichkeiten neu nachzudenken, von ihnen freier zu werden, ist ein bewegender Prozess. Er kann mühsam sein, aber er kann mit Grazie geschehen; er kann schwer fallen, aber auch eine Leichtigkeit des Seins bringen; er kann Abwehr erzeugen, aber auch das Wissen um die Gnade unserer einmaligen Existenz.

Was zu gewinnen ist, ist Neuland, wo es Vergessen und ein Selbstvergeben gibt. Wo Gleichmut und auch Gleichgültigkeit gegenüber Wertlosem entsteht. Wo Neugier wächst, die voller Interesse ist.

Es ist kein Traumland angezeigt, eher eine Werkstatt der Lebenskunst, wo geübt wird: es ist gut zu leben, und wie die Grazie vielerlei Gestalt annehmen kann.

Die vorliegenden Beiträge sind Versuche, Beschwerendes abzulegen und sich in solch Neuland zu wagen, die Gnade nicht im Himmel zu verankern, sondern auf unsere Erde zu ziehen, Gott im Alltag und in immer neuen Bildern und Geschichten zu sehen. Sie sind entstanden aus Gedanken der Feministischen Theologie. Sie gehen viel von Frauenerfahrungen aus, die lange keinen Stellenwert hatten, aber für mich auf einen vergessenen Humanismus hinweisen und sowohl für Frauen als auch für Männer gelten können.

»Gib die Dinge der Jugend mit Grazie auf« – diese Botschaft ist nicht alters- und geschlechtsbedingt, auch wenn sie vielleicht im Alter bewusster erlebt wird. Sie ist eine Botschaft an alle, dass das Leben sich wandelt und dass jeder Einzelne sich darin selbst neu entdecken kann.

Texte zur Lebenskunst

»Sich an allen Ecken wundstoßen und ganz bleiben«
(Hilde Domin)

Um die Mittagsstunde sitzt eine junge Frau in ihrem Berliner Garten. Sie genießt die ungewohnte stille Stunde und liest. Den zweijährigen Sohn hat sie zu Bett gebracht. Die zehnjährige Tochter ist mit ihrer Freundin zum Spielen gegangen zu einer Baugrube, ganz in der Nähe. Was die Frau liest, ist Literatur über England, denn sie will zum ersten Mal nach London, lebt in der DDR, ist aber Österreicherin, und hat deshalb ein Visum bekommen. Alles in ihr ist voller Erwartung.

Und dann verändert eine Minute ihr Leben. Sie sieht die Freundin der Tochter bedrückt den Gartenweg heraufkommen und erfährt: ihre Tochter ist in die Baugrube gestürzt, und sie kann sie nicht herausholen.

In der nächsten Stunde verzweifelte Versuche, das Kind herauszuziehen, endlich Rettungskräfte, ein Krankenwagen mit Sirenengeheul, Unfallstation, Intensivstation, Hoffnungen, dass doch noch alles gut ausgeht. Am nächsten Morgen die Nachricht: das Kind ist tot.

Das Leben der jungen Frau hat einen Riss bekommen, der nie wieder ganz heilt. Ihr Name ist Maxie Wander, die in den 70er Jahren einmal durch ein Buch mit Interviews von Frauen aus der DDR: »Guten Morgen, du Schöne« bekannt wurde und damit ein Stück Frauenbewegung der DDR initiierte, und dann durch ihre Briefe und Tagebücher, die ihr Mann später herausgab. In ihnen hat sie Alltag und Gleichförmigkeiten eines Hausfrauendaseins, ihre Kreativität und ihre Verzauberungen durch Bäume, Blumen, Bücher und menschliche Begegnungen, aber auch die Brüche in ihrem Leben, Tod und Krebserkrankung beschrieben, ein Buch, das für manche das Kultbuch einer verborgenen Frauenbewegung wurde. Einer Frauenbewegung, die nicht allein an Gleichstellung, Macht und Veränderung der Gesellschaft interessiert war, sondern auch in Katastrophen, im Scheitern, in Trauer und Krankheit die anderen, die eigenen Stimmen der Frauen vernahm. Solche Stimmen blieben lange ungehört. Zuweilen schienen sie sogar wie ein Verrat an den neuen Frauen-Werten von Selbstbestimmung und Durchsetzungsvermögen, die frau nicht wahrnehmen wollte oder deren Ursachen nur in der patriarchalen Gesellschaft gesucht wurden. Doch solche feministischen Engführungen haben sich inzwischen als lebens- und frauenfern erwiesen.

Ihre Erfahrungen mit dem Tod eines Kindes hat Maxie Wander in selten eindringlicher, sich selbst nie schonender Art beschrieben und zugleich die ersten heilenden Schritte aus solcher Verzweiflung heraus aufgezeigt. Ihre Briefe und Tagebücher sind m. E. ein erstes und einsames Dokument, Gelingen und Misslingen, Schmerz und Kreativität, Selbstwerden und Sterben einer Frau dieser Jahre zum Ausdruck zu bringen.

Und ich möchte weiterfragen – in unsere Gegenwart hinein: Wie können Frauen ihr Leben selbst bestimmen und zugleich Niederlagen erleben? Wie können wir mit diesen scheinbaren Gegensätzen umgehen?

Erfahrung von Brüchen

Das täglich normale Leben ist genau besehen ein Auf und Ab, ein Miteinander und Durcheinander von Verlust und Gewinn, von Versagen und Selbstbestätigung. Doch es geht hier nicht um die alltäglichen Risse, die sich schnell wieder schließen. Es geht um breite und tiefe Risse. Es geht um Brüche, um ein Auseinanderbrechen unserer Existenz, das unser Leben verändert.

Innerhalb solcher Brüche gibt es aber Varianten:

Es gibt Brüche, deren Entstehen wir aktiv und bewusst mit herbeiführen, deren Tragweite wir aber zunächst nicht ahnen.

Es gibt Brüche, die wir halb wollten, die wir nicht verhinderten, aber deren Konsequenzen wir schmerzhaft spüren.

Und es gibt schließlich Brüche, die uns unerwartet trafen, die wie ein Unwetter über uns hereinbrachen. Das können Brüche mit Menschen sein, in Partnerschaften und Freundschaften, Brüche durch Tod und Krankheit, der Verlust des Arbeitsplatzes.

Gemeinsam ist allen, dass sie uns in eine veränderte Lebenssituation bringen.

Gemeinsam ist, dass wir darin neue Fähigkeiten entwickeln müssen, da die alten Verhaltensmuster nicht mehr genügen.

Doch wie kann das geschehen?

Lassen die auch durch uns selbst initiierten Brüche zuweilen lustvoll neue Fähigkeiten entstehen – z. B. die Trennung von einem ungeliebten Partner, die lange fällige Trennung vom Elternhaus, so sind die Brüche, die wir nicht wollten oder nicht *so* wollten, schmerzhaft lähmend. Neue Möglichkeiten sind nicht sichtbar. Neue Fähigkeiten gar nicht denkbar. Ohnmacht, Sprachlosigkeit blockieren jeden Ausblick in etwas Neues. Der Verlust des Bisherigen nimmt von uns Besitz. Und wirklich sind viele Brüche zunächst der Verlust der Lust, das Verlieren der Lebensfreude und Lebensmitte.

Die Ohnmachtsgefühle werden aber bald von anderen Gefühlen überlagert:

Von Schuldgefühlen: Hätte ich nicht doch einlenken können, wenn eine Beziehung in Schwierigkeiten gerät? War ich nicht tolerant genug?

Maxie Wander beginnt sogar, die Schuld am Tod ihres Kindes sich selbst zuzuschreiben:

> Ich bin schuld an dem Tod meiner Tochter! Hab im Garten ein Buch gelesen, hab mich auf diese blöde London-Reise vorbereitet, anstatt auf das Kind zu achten, das begierig war, zu dieser schrecklichen Grube zu kommen, zu seinen waghalsigen Kletterübungen. Und ich wusste doch, ich musste doch wissen, dass sie hingehen würde. Wusste ich wirklich nicht, dass es so gefährlich war? Nein. Ich kalkulierte aber »kleinere Verletzungen« ein. So eine Mutter bin ich!

Es kommen Schamgefühle auf: Wie kann mir das passieren? Wie stehe ich jetzt vor andern da?

Es gibt die zornige Ohnmacht, dass mir Unrecht geschehen ist und ich nichts dagegen tun kann, nicht heute und nicht morgen, und dass ich nur auf ein gnädiges Vergessen warten kann.

In vielen Erfahrungen des Scheiterns stoßen wir zudem an Tabus einer Gesellschaft, die vom »Terror des Erfolges« geprägt ist. Ehen müssen demnach glücklich sein, Kinder sollten funktionieren, Krankheit, wenn sie kommt, ist besiegbar, der Erfolg, wenn er schon nicht sichtbar ist, wird herbeigeredet. »Du musst schön und glücklich sein, du musst 24 Stunden arbeiten können und trotzdem viele Freunde und eine schöne Wohnung haben« – so beschreibt eine Studentin den Terror des »Erfolgreichseins«.

Scheitern ist in dieser Gesellschaft ein Tabuthema. Eine geschiedene Frau beginnt deshalb mehr die mitleidigen Blicke von Freunden von Arbeitskollegen zu fürchten als ihren eigenen Schmerz.

Der Arbeitslose geht morgens mit der Aktentasche aus dem Haus – er will nicht den Anschein erwecken, ein Versager zu sein.

Auch die religiöse Frage kann die Konfrontation mit dem eigenen Leiden verdrängen.

Seltener in der Demutshaltung: »Was mein Gott will, das gescheh allzeit. Sein Will', der ist der Beste«; eher in der zornigen Auseinandersetzung: »Warum tust du, Gott, mir das an?« Wie kann Gott gut genannt werden, der mich in solche Situation bringt?

Im Innewerden des Geschehenen kann also das Unglück noch vertieft werden durch Schuldgefühle, Schamgefühle, Ohnmachtserfahrungen. Es kann im Kontext gesellschaftlicher Situationen rationalisiert oder durch Sündenbocksuche objektiviert werden.

Doch hilft uns das?

Verlust der Ganzheit

Zunächst scheint es die Tröstungen zu geben, die wir uns selbst geben oder die wir von andern empfangen, und die wie kurzfristige heilsame Pflaster erscheinen.

Wer arbeitslos geworden ist, mag sich sagen, dass die Arbeit ja nicht alles im Leben ist.

Wer von Krankheit überfallen ist, kann sich trösten, dass alles doch nicht schlimm enden müsse und die Krankheit heilbar sei.

Der Verlust der Beziehung mag auch den Mut erwecken, dass noch viele andere gute Beziehungen im Leben auf einen warten.

Doch diese Trost-Rechnungen gehen auf Dauer nicht auf.

Die Kränkung, der Verlust, das Gefühl, versagt zu haben, bleiben.

Ich meine, das, was wir verlieren, rückt immer wieder in die Mitte unseres Daseins – trotz der Selbstberuhigungen, der Verdrängungen, der Rationalisierungen. Plötzlich scheint es unser Lebensglück, den Lebenssinn auszumachen. Was eher ein Teil unseres Lebens war, kann zum schmerzlichen Mittelpunkt werden. Wir erleben, dass etwas amputiert ist, was sein Nervenzentrum tief in uns hat. Und dieser Schmerz ist echt. Er ist nicht hysterisch, er ist nicht sentimental. Er zeigt, dass wir auf Ganzheit und Unversehrtheit angelegt sind. Auf eine Balance und Harmonie, die in unserem Leben gewachsen ist, und die jede Amputation zutiefst verletzt.

Ganzheit heißt nicht, dass ich einen Anspruch habe, schmerzfrei und ungebrochen durchs Leben zu kommen. Wohl aber, dass ich angelegt bin auf ein Einssein mit mir selbst, und das heißt auf meine Einmaligkeit und Einzigartigkeit, die – verletzt – mir Schmerz bereitet, und dass ich zurecht unglücklich, ja verzweifelt bin. Oder sogar sein muss? »Wie willst du ein Mensch werden ohne Schmerzen?« hat Maxie Wander mal gefragt.

Außenstehende können diese geheimnisvolle Ganzheit nicht sehen und »trösten« deshalb mit falschen Mitteln:

Es wird schon wieder –

Du hast doch mich –

Denk an deine Kinder!

Alle diese Tröstungen gehen an dem Geheimnis unserer Person vorbei, die kaum jemand anders erfassen kann. An der Heiligkeit unserer einmaligen, unverwechselbaren Person, die kein anderer ermessen kann.

Wie sind solche Trostlosigkeiten zu bewältigen? Welche Wunderkräfte braucht es dazu, fragt Maxie Wander. Sie lehnt alle ablenkenden Reiseplanungen ihres Mannes ab und gibt selbst die Antwort: »Es ist mir klar, dass diese Kraft nur aus uns selbst kommen kann, von nirgends sonst.«

Wie kann aus Gebrochenheit Kraft wachsen?

Zunächst möchte ich aber fragen, ob es geschlechtsspezifische Erfahrungen im Umgang mit Brüchen gibt.

Gehen Frauen und Männer anders mit ihren Lebensbrüchen um?

Konnten und können Frauen sich nicht fragloser einpassen in vorgelebte und vorgegebene Lebensmuster? Vieles in ihrer psychischen Struktur, vieles in ihrer Erfahrung deutet darauf hin, auch wenn heute die Lebensstile von Frauen und Männern sich immer mehr vermischen.

Mir fielen in letzter Zeit zwei unterschiedliche männliche Ansätze auf, die mich nachdenklich machten, ob die männliche Lebenseinstellung, ihre Vitalität, ihr zielgerichteter Lebensrhythmus nicht einen andern Umgang mit Brüchen hervorbringt.

Hermann Hesses berühmtes Gedicht »Stufen« mag ein Beispiel dafür sein. Dort wird von Abschied und Neubeginn, von Tapferkeit, um sich in andere neue Bindungen zu geben, gesprochen. Doch der erste Vers schließt:

> Und jedem Anfang wohnt ein Zauber inne,
> der uns beschützt und der uns hilft, zu leben.

Zwar geht es nicht nur um den Zauber, um die Heiterkeit, neue Räume zu beschreiten, sondern auch um Abbrüche, die schwer fallen, auch wenn sie »Aufbrüche« genannt werden. Doch veredelt der Dichter die schmerzhaften Brüche? Sind die Stufen zu neuen Räumen nicht auch eine eigene Interpretation von niederziehenden Abbrüchen, die zu himmelsstrebenden Aufbrüchen sich verwandeln?

Der Mann muss hinaus ins feindliche Leben, und »Hänschen klein« und »Jung Siegfried war ein stolzer Knab« sind alte Bilder männlicher Lebenskultur, in denen Abbruch, Schmerz und Konflikt schon ritualisiert sind.

Frauen haben nichts Ritualisiertes zu bieten. Kontinuität, biologische Rhythmen haben Jahrhunderte lang ihr Leben geprägt und Aufbrüche verhindert.

Ein anderes Beispiel männlicher Bruch-Bewältigung ist die Erzählung »Mistlers Abschied« von Louis Begley. Hier sind allerdings keine Erfahrungen verschönt oder veredelt. Ein reicher amerikanischer Geschäftsmann erfährt in seinen besten Jahren, dass er in kurzer Zeit an Krebs sterben wird. Er erzählt nichts davon seiner Familie, reist nach Venedig und erstickt seine Angst in Sex, Genuss und vielfältigen Beziehungen. Am Ende erwirbt er ein Einmann-Boot, mit dem er dem Verhängnis schmerzfrei und selbstständig zu entgehen beabsichtigt. Ein Mann, der sein Leben, wie seine Firma und seine Familie, bis zuletzt fest in seiner Hand halten, und sich keinem Schmerz und keiner Aussichtslosigkeit hingeben will.

Sind Frauen gradliniger dem Leben ausgesetzt?

Oder liefern sie sich ihm vorbehaltloser aus?

Ich finde in Frauentexten neuerer, aber auch älterer Zeit eine Unmittelbarkeit zum Leben und zu Lebensprozessen, die auffällt:

»Das Leben umarmen«,

»Eintauchen ins Leben«

»Sich dem Leben in die Arme werfen« …

Leben, das ist nicht »das gute Leben«, wie es Feministische Ethik versteht; das ist auch nicht die Reich-Gottes-Definition: »the Well-Being of All«, Leben – das betont die Diesseitigkeit des Daseins gegenüber allen Jenseitsvorstellungen. Leben heißt, in Beziehungen sein. Leben, das umfasst dann aber auch den Tod, den man lange nur als Eingang in ein anderes Leben verstanden hatte. Er ist in dieses Leben voll integriert – mit all den Wunden und Schmerzen, die er bringt.

In einem Gedicht: »Leben« heißt es bei Ricarda Huch: »Empfinden will ich mich, sei's auch an Wunden…«

Und Maxie Wander schreibt ein halbes Jahrhundert später:

> Leben, das ist eben auch nur ein Hinfallen und Wiederaufstehen, Weiterleben, sich an den kleinen Dingen freuen, und die großen nicht ganz aus den Augen verlieren, sich verantwortlich fühlen für alle um uns herum, helfen, wo es geht, sich selbst dabei nicht verlieren.

Besonders eindringlich wird diese Lebenszugewandtheit von Frauen in dem Film »Antonias Welt«: Im Leben von vier Generationen von Frauen werden Alltag und Feste, Vergewaltigung und Hochzeit, Tod und Schwangerschaften, Mord und Freundschaften in einem holländischen Dorf der Nachkriegszeit geschildert. Begleitet und kommentiert wird das Geschehen von einem an Schopenhauer geschulten Philosophen, der meint, es sei das Beste, nicht geboren zu sein, das Leben sei verdammt, und das Zweitbeste sei, bald zu sterben. Zuletzt findet man ihn erhängt in seinem Studierzimmer.

Dagegen steht Antonias Welt, die mit dem lapidaren Satz gekennzeichnet ist: »Es muss gelebt werden – wie auch immer.« Neben der prallen Diesseitigkeit des Dorflebens stehen die Lebensverneinungen des Philosophenfreundes, steht schließlich sein Tod, der Spuren hinterlässt, aber – wie Antonia sagt – »den einzigen Tanz, den wir tanzen«, nicht stören kann. Es muss gelebt werden – mit Lust und Schmerz, und die Verneinungen sind nicht zu übersehen. Die Überlebenslust und -kraft der Frauen, ihr Kampf für gerechte menschliche Beziehungen ist der rote Faden innerhalb einer drastisch dargestellten Dorfgemeinschaft.

Das Leben mit seinen Brüchen kann als gewalttätig erfahren werden, und Menschen können mit Gewalt darauf reagieren, wie der Geschäftsmann Mistler in seinem Allmachtswahn, mit dem er sein Leben bis zuletzt programmieren will.

Es kann aber auch in seiner Vielfältigkeit erlebt werden und fordert heraus, es in allen Dimensionen zu erfahren und es zu gestalten.

Welche Spuren gibt es zurück zum Leben?

Ich möchte vier Beispiele beschreiben.

Spuren zu Aufbrüchen

Einer der weit verbreitetsten Bruch-Erfahrungen, der Arbeitslosigkeit, wird heute zuweilen schon in unkonventioneller Weise begegnet.

Vor allem junge Leute tun sich zusammen zu einem Gegenentwurf unserer Erfolgsgesellschaft, nennen sich »Club der Versager«, für die Helden Menschen sind, die Sachen anders machen und nach einer Niederlage wieder aufstehen. Sie erzählen sich bei ihren Zusammenkünften Scheitergeschichten und meinen, dass Scheitern in einigen Zirkeln »schon bald zum guten Ton gehört«. Im Mittelpunkt der Versammlungen steht die Frage: »Warum ist etwas mit Leidenschaft begonnen und ist dann gescheitert?« Oder: »Warum macht man trotzdem weiter?«

So berichtet z. B. eine Frau von ihrem Vorhaben, ein deutsch-polnisches Familienbegegnungswerk aufzubauen, das aber nach nur einem Jahr Laufzeit aus finanziellen Gründen stillstand. Der Sinn des Unternehmens war, Klischees und Stereotypen aufzubrechen, Begegnungen im niederschlesischen Kreisau stattfinden zu lassen, wo wechselseitig Familienbiographien erzählt und die deutsch-polnische Geschichte erlebbar gemacht werden konnte. Ein anspruchsvolles, aber sinnvolles Unternehmen, das von hohem Idealismus getragen war, aber am Geldmangel scheiterte. Die Absagen der Minister auf die Bittbriefe der Initiatorin waren »herzlich«, aber zahlreich.

Auch im »Club der Versager« kann die Frau kein Geld auftreiben. Aber sie kann ihre Geschichte erzählen. Sie bekommt offene Ohren. Mitgefühl, Sympathie. Sie wird aufgenommen in den Kreis gleicher Schicksalsgenossen und -genossinnen, und – sie bekommt Mut zum Wiederanfangen und Wiederaufstehen. Was sich sonst schamhaft verbergen musste, erfährt eine Öffentlichkeit. Es wird normal. Und dieser Schritt in solche kleine Öffentlichkeit macht es auch möglich, eigene Widerstandskräfte zu wecken. Vielleicht einen neuen und auch etwas anderen Ansatz zu wagen. Hier wachsen heilende Kräfte.

Die aus der normalen Gesellschaft scheinbar Ausgeschlossenen integrieren sich in die Gesellschaft, und vielleicht tragen sie dazu bei, dass auch die sich verändert. Dazu gehört aber, dass die Nicht-Betroffenen oder die Noch-nicht-Betroffenen sensibilisiert werden für einen andern Umgang mit Scheitern, Misserfolg und Unglück.

Auch in dem bekannten Kriminalroman von Liza Marklund: »Olympisches Feuer« begegnet die Weltschau solcher Antiheldin, die die Werte der Erfolgsgesellschaft auf den Kopf stellt. Es ist allerdings die Attentäterin, die mit ihren Reflexionen nachdenklich machen soll: »Im Grunde sind Erfolg und Wohlstand unwichtiger als Scheitern und bittere Not. Ein handfester Erfolg schenkt ein Gefühl, das an Erotik grenzt, eine kurzlebige Fahrt hinauf zu den Sternen. Ein handfester Misserfolg besitzt bedeutend mehr Nuancen und Tiefen. Er zwingt zu Analyse und Nachdenken, lenkt die Konzentration nach innen statt nach außen und führt am Ende zu einem würdigeren Leben.«

Das würdigere Leben stellt sich gegen den Eros des Erfolges.

Es ist *eine* Spur zum Leben, die am Erfolgsleben vorbeiführt, aber mehr Farbigkeit, Nachdenken und eine neue Lebendigkeit vermittelt. Der Weg in den Misserfolg ein Weg in eine größere Freiheit?

Die beiden Beispiele eines Umdenkens, eines neuen Antiheldentums öffnen zumindest Pforten zu anderem Denken und Leben.

Wiederentdecken der Sinne

Ein anderer Weg, im Scheitern einer Lebensvorstellung wieder Heilsames zu erfahren, ist die Wiederentdeckung der Sinne. In einer rationalen und leistungsorientierten Kultur sind sie ohne eigene Bedeutung. Sie verschönen zwar das Dasein, stehen für Freizeit und Ästhetik, aber nicht für die Personbildung, ihre Krisen und Abgründe. Durch solches sinnenhaftes Erleben tun sich für Maxie Wander einige Zeit nach dem Tod der Tochter verschüttete Zugänge zu sich selbst auf.

»Hab mir eine Übung ausgedacht, wie um meine toten Sinne zu beleben«, schreibt sie in ihr Tagebuch. »Die Eigenart und Farbe eines jeden Tages mit Worten einzufangen, Zeichen, Signalen. Wie Fangseile … Heute duftet mein Tag nach Sonnenwiese, Wipfelrauschen. Mühlenbach … Oder der Tag beginnt mit Morgenkaffee, Sommerwolken, Eichelhäher und Jungwald … Hör doch, merkst du nichts … Du lebst …«

Die Sinne geben ihr wieder Sinn. Sie wecken das in Trauer Erstickte auf. Sie lassen das, was sie umgibt, das Nahe, als das Eigene erfahren. Die Welt wird wieder ihre Welt. Nach ihrer Krebsoperation viele Jahre später beschreibt sie in ähnlicher Weise, wie sie solche Selbstverständlichkeiten: die Sonne, das Licht, die Farben, wieder wahrnimmt; den Nebel findet sie schön und die Blätter, die von den Bäumen runterfallen. Wieder neu entdeckt, machen diese normalen Dinge sogar ihr Glück aus.

Und schließlich – ein Jahr später, als sie durch alle Höllen von Kliniken, Operationen und Schmerzerfahrungen gegangen ist – wird diese Erlebnisweise ein

Schlüssel zu einem eigenen Weltverständnis. Ihre Ärztin fragt sie: »Welchen Sinn hat das Leben für Sie, wo ist ihre Mitte?« Und sie gibt dann ihre eigene Antwort:

> Bei mir bildet sich nach und nach etwas wie ein Sinn heraus, eine Mitte, nach der ich lange gesucht habe und ohne die ich vielleicht nicht leben könnte. Benennen kann ich es noch nicht, nur in die Richtung zeigen; es ist der Glaube an eine Kraft, die in allem wohnt, ein Lebensgesetz in allem Lebendigen, das man nicht ungestraft verletzen kann. Man muss dem Leben auf die Schliche kommen und herausfinden, was es eigentlich will, man muss seine Augen und auch die Nase öffnen und das Ohr an die Bäume legen wie an einen Mutterleib.
>
> Und jetzt komm ich in Bereiche, die – halbverdaut – dem andern schwer erschlossen werden können. Also lassens wir vorläufig …

Aber gleich darauf fährt sie doch noch weiter fort: »Vielleicht kommt es nur darauf an, sich diese menschliche Kraft zu erhalten, egal mit welchen Zaubermitteln (sei's auch durch die Religion) … Es ist alles eine Frage der Kraft, und aus welchen geheimnisvollen Quellen bezieht sie ihre Nahrung?«

Über die Sinne tastet sie sich wieder ins Leben zurück. Und damit erlebt sie eine vorher nie gespürte Mitte in sich – wir könnten auch von einer Erfahrung von Ganzheit sprechen –, aus der heraus sie alles um sich herum neu wahrnimmt, durch Hören, Sehen, Reifen, und wodurch sie erstaunt, fast erschreckt in bis dahin unbekannte Dimensionen stößt. Sie erlebt eine geheimnisvolle Kraft zunächst als Menschenkraft, Naturkraft, Freundeskraft, als die ihr – der Kranken – immer wieder zukommende Lebenskraft. Aber dahinter beginnt für sie mehr zu stecken. In ihr öffnet sich etwas, was über sie selbst hinausgeht. Das nicht mit dem Verstand und auch schwer mit Worten zu fassen ist. Gott, etwas Göttliches, das sich aber ganz woanders zeigt, eine göttliche Kraft?

Aus den dreißiger Jahren des vorigen Jahrhunderts gibt es ein Gedicht, das ebenfalls in starken Bildern eine ähnlich anmutende Naturmystik zeigt. Es stammt von der Dichterin und Pfarrfrau Ina Seidel, war ihr liebstes Gedicht und ist »Trost« überschrieben. Wir wissen nicht, aus welcher unglücklichen Situation, aus welcher Niederlage oder Enttäuschung heraus es entstand:

Unsterblich duften die Linden.
Was bangst du nur?
Du wirst vergehen, und deiner Füße Spur
Wird bald kein Auge mehr im Staube finden.
Doch blau und leuchtend wird der Sommer stehen
Und wird mit seinem süßen Atemwehn
Gelind die arme Menschenbrust entbinden.
Wo kommst du her? – Wie lang bist du noch hier?
Was liegt an dir?
Unsterblich duften die Linden.

Auch hier werden in der Trauer die Sinne wieder lebendig: Unsterblich duften die Linden! Und sie trösten: Was bangst du nur?

Auch hier beginnt die Dichterin im Einklang mit der Natur wieder Harmonie und Frieden zu finden. Auch hier findet der Schmerz Bergung in einer göttlich verstandenen Mutter Natur.

Aber es gibt einen Unterschied. Bei Ina Seidel heißt es schließlich: »Was liegt an dir?« Und das trauernde Ich findet seine Heimat im Eingehen in die Wunderwelt des Kosmos.

Anders bei Maxie Wander: Sie wacht in der Natur wieder zu sich selbst und ihrer Überzeugung von der alles verbindenden Lebenskraft auf. Die Natur ist nicht nur Trost und Zuflucht, ist nicht Anlass zum Selbstvergessen, sondern Kraftquelle zum Selbstsein. Es ist eine andere Frauengeneration, die auf der Suche nach sich selbst im Kosmos nicht allein dessen Frieden, eher seine Lebensenergien aufspürt.

Sich seines Geborenseins erinnern

Die Frage: Wer bin ich noch? Nach dem Scheitern von Plänen und Träumen ist die Frage nach der Kontinuität unserer »alten« Person mit der neuen, die gerade herumgewirbelt wird. Gibt es überhaupt eine Kontinuität zwischen der vergangenen und der jetzigen? Ist nicht auch diese Verbindung gebrochen?

Hilfreich ist für mich dabei die Vorstellung von der Natalität, d.i. vom Geborensein als unveräußerliche Chance zum Eigensein eines jeden Menschen. Wichtig dabei ist m. E., dass dieses bis dahin im Deutschen ungebräuchliche Wort »Natalität« von einer jüdischen Frau, Hannah Arendt, ins Gespräch gebracht wurde, als alle alten Weltordnungen gescheitert waren. Als ihr eigenes Volk kaum dem Holocaust entkommen war. Natalität, das Geborensein, sehe ich als eine Lebensdevise im Zerbrechen von Traditionen und Ideologien an, als einen Protest gegen jeden Totalitarismus, den Arendt damals gerade erforschte. Als Aufstand gegen Scheitern und Verhängnis.

Was im weltgeschichtlichen Kontext zu sehen ist, hat für mich auch Bedeutung für das Individuum. Unser Bewusstwerden, dass wir Geborene sind, könnte uns ermutigen, den Faden zur Vergangenheit aufzunehmen. Ja, mehr: unser Geborensein ist eine Herausforderung, unsere Spuren aufzunehmen. Keine Niederlage kann unsere Kontinuität löschen.

Was heißt nun »Natalität« eigentlich?

Nach Hannah Arendt ist jeder Mensch ein Neuankömmling in der Welt, und zwar auf Grund seines Geborenseins. Er ist ein Anfang – »initium« – und auf Grund dessen kann er »Initiative« ergreifen. Die ganze Fähigkeit zum Anfangen wurzelt in diesem Geborensein, nicht in der Gabe der Kreativität. Als einzigartiges Neues erscheint jeder Mensch in der Welt, und jeder ist von jedem dadurch geschieden. Diese Einzigartigkeit beruht aber nicht auf bestimmten Qualitäten, die jeder mitbringt, sondern auf der Tatsache, dass wir Geborene – und nicht Sterbliche sind!

Im Handeln schlagen Menschen dann Fäden in ein bereits vorgewebtes Muster und verändern es. »Sind die Fäden erst zu Ende gesponnen«, heißt es bei Arendt, »so ergeben sich wieder klar erkennbare Muster, bzw. sind als Lebens*geschichten* erzählbar.«

Auch wenn unser Thema von Brüchen, Abbrüchen, Aufbrüchen nicht Arendts Thema ist, so möchte ich doch aus ihrem Ansatz folgern, dass mit der Geburt dem Menschen eine Kontinuität auf den Lebensweg gegeben ist, die nicht aufhört, sein Leben zu prägen. Die ihm eine Grundhoffnung und eine Grundfähigkeit verleiht, sich selbst immer wieder in das Lebensmuster, in die Geschichte, in das Geschehen einzubringen. Wichtig ist, dass der Mensch – auch wenn er als Fremdling in dieser Welt erscheint – im Handeln und im Miteinander die Schranken des Fremdseins durchbricht.

Julia Kristeva hat Arendts Ansatz den »wiederholten Gesang vom Wunder der Geburt« genannt. Dieser Ansatz – auch wenn er eigentlich eine Theorie des politischen Handelns begründen sollte – hat in einer abendländischen patriarchal-melancholischen Tradition, die sich an der Sterblichkeit des Menschen orientiert, eine ermutigende Kraft, sich seiner Einzigartigkeit und des daraus hervorgehenden Faden-Schlagens in das Gewebe des Lebens zu erinnern. Sich solchen Geborenseins bewusst zu werden, heißt aber zugleich, die eigene Geschichte, auch wenn sie zuweilen wie »vertane Zeit« aussieht, in diese Einzigartigkeit einzubeziehen und darin sich auch wieder der Fähigkeit zum Anfangen, zum Initium, zur Initiative bewusst werden.

Verlorene Jahre – vertane Zeit – falsche Lebensentscheidungen – auch solche Rückblicke gehören zu meiner einmaligen Geschichte, wie kein anderer sie je wieder erlebt und die sich verwandeln können zu Erfahrungen, in denen ich gereift und gewachsen bin.

Die Frage: Wer bin ich? kann dann eine Antwort finden: Ich bin weder die Summe meines Versagens noch die meines Gelingens, ich bin geboren zu Neugier und immer neuem Anfangen.

Heilung durch Freundschaft

In einer der ersten Untersuchungen über frauenspezifische Verhaltensweisen aus den 70er Jahren hat die amerikanische Psychologin Jean Baker Miller gezeigt, dass gerade Frauen in einem Kontext von Beziehungen leben und sich auch daraus verstehen, und dass gerade deshalb der Verlust der Beziehung wie der Verlust des eigenen Selbst werden kann.

Viele Brüche im Leben lassen Menschen vereinsamt zurück – sei es, dass Unsicherheit gegenüber dem Betroffenen den Kontakt verhindert. Sei es, dass das nicht mehr vorhandene Arbeitsverhältnis einsam macht. Sei es, dass die Betroffene selbst in einem Zustand des Unglücklichseins sich verbarrikadieren und sich selbst von anderen abschließen…

Nicht immer fängt ein intakter und sensibler Freundeskreis oder eine warmherzige Familie solche Situationen auf. Und auch nicht immer wünschen die, die eine neue Lage zu verkraften haben, nur die Teilnahme des bekannten Menschenkreises.

Folgt man Baker Miller, dann könnte gerade eine Beziehung, eine Freundschaft, eine neue Begegnung die eigentlich heilende Medizin werden.

Auf der anderen Seite kann der Verlust einer Freundschaft, der Verrat eines Freundes, einer Freundin traumatisch werden. Ein Beispiel dafür fällt mir aus der Geschichte der Henriette Schrader-Breymann, der späteren Gründerin des Pestalozzi-Fröbel-Hauses in Berlin, ein: die erfolgreiche und kreative Pädagogin wollte ihr Institut in Wolfenbüttel erweitern, tat sich damit mit einer jüngeren Pädagogin, die die Ältere bewunderte, ja verehrte, zusammen, und eine Art Freundschaft entstand. Doch dann wurde die Jüngere vom Ehrgeiz ergriffen, wollte sich selbst an die Spitze des neuen Unternehmens stellen, reduzierte das vereinbarte pädagogische Konzept zu einem traditionellen, allen gefälligen Schulprogramm und bootete schließlich die einst bewunderte Freundin aus.

Henriette Schrader-Breymann hat diesen Verlust und Verrat nie überwunden. Es war ein Verrat an ihrer Person und an ihren Ideen, an dem Kern ihrer Persönlichkeit. Dazu kam wohl auch Scham über ihre Ungeschicklichkeit, mit Behörden und Intrigen nicht besser umgegangen zu sein. Erst neue Freundschaften mit selbstbewussten Frauen der Berliner Frauenbewegung, wie Helene Lange, ließen die alten Wunden vernarben, sodass sie schließlich von dem Freundeskreis schrieb, »dem ich traue, glaube, den ich liebe.«

Nicht allein freundschaftliche Zuneigung und Bewunderung hat schließlich Stabilität in unseren Lebenskrisen, sondern Freundschaft, die das Andere im Anderen, sein Geheimnis und seine Ganzheit achtet und umschließt. Diese ist weniger am Scheitern und Gelingen des Freundes/der Freundin interessiert als an seiner Persönlichkeit und an der Lust, diese immer wieder neu zu entdecken.

Die Beziehungsnetze, in denen wir leben, können zerreißen, aber sie können auch wieder neu geknüpft werden. Sie können stabiler und die Betroffenen dann reifer und nüchterner werden.

Weibliches Beziehungsdenken ist dann keine Schwäche und keine abzuwertende Bedürftigkeit, sondern kann heute wieder neu die Stärke werden, die sie durch viele Jahrtausende Frauenleben schon immer sein wollte. Ich möchte mit einem Bild schließen: In unserem Garten stehen zwei alte Bäume, ein knorriger Nussbaum und eine große Trauerweide. Beide haben vor einiger Zeit Schaden gelitten: der Nussbaum durch Menschenhand, denn ein Zweig trieb auf unser Haus zu und verdunkelte ein Zimmer, sodass wir ihn absägen lassen mussten. Die Weide durch Naturgewalt: ein Sturm knickte einen großen Ast ab.

Beide Bäume sahen nun eine Zeitlang gerupft, amputiert, verändert aus. Ihre Harmonie schien gestört. Aber dann trieb aus dem Nussbaumstamm eines Tages ein neuer Ast und ergänzte den verlorenen. Und die Weide regenerierte sich ebenfalls durch neue Äste und bedeckte ihre Blößen mit einem großen Blätterreichtum. Jeder Baum hat jetzt wieder zu einer eigenen Gestalt zurückgefunden. Es sind dieselben Bäume, aber sie sehen heute anders aus. Sie haben beide aus sich selbst wieder eine eigene Schönheit entwickelt.

Vielleicht ist jede Kreatur geschaffen zur eigenen Ganzheit und hat die Anlage in sich, diese zu entwickeln. Für uns – mit unserer jeweils eigenen Geschichte, unserer persönlichen Natur, unserer unterschiedlichen Umgebung – können die Bilder von Nussbaum und Weide eine Verheißung für unser eigenes Leben, seine ungeahnten Möglichkeiten und seine noch nicht entdeckten Energien sein – in allem, was auf uns zukommt.

Glück

Zwei Geschichten von Glück haben mich immer wieder beeindruckt: eine ist die von »Hans im Glück«, dem Märchen von dem jungen, reich entlohnten Mann, der tauscht und handelt und schließlich sein letztes Handelsprodukt: einen Schleifstein überglücklich in einen Brunnen wirft und endlich frei ist. Glück als Freisein von allen Lasten.

Die zweite Geschichte ist die des Häftlings Iwan Denissowitsch, dessen Tag im Archipel Gulag Solschenyzin beschreibt. Ein Tag, an dem nichts Besonderes passiert: keine Strafe, eine doppelte Grützration, ein bisschen Tabaktausch, beim Filzen war das Stückchen Säge nicht entdeckt worden, nichts war schiefgegangen. Es war also »fast ein Glückstag«. Iwan Denissowitsch schläft ein – glücklich und zufrieden. Glück also als Freisein von Unheil.

Diese beiden Glückserfahrungen haben etwas gemeinsam: Glück ist nichts Spektakuläres. Es ist nicht das Lottoglück und nicht der Totogewinn. Glück kann etwas sehr Bescheidenes sein: die Abwesenheit von Katastrophen, das Ende aller Belastungen. Und wiederum unterscheiden sich beide Erfahrungen auch grundsätzlich: Hans macht sein Glück selbst, Iwan ist ein Spielball günstiger Umstände.

In der Sintflut von Sprichwörtern, Definitionen, Schlagertexten, was Glück sei, tauchen diese kaum zu einenden Merkmale stets wieder auf: wir sind scheinbar unseres Glückes Schmied, aber Glück lässt sich auch nicht zwingen, es kommt von ganz woanders her.

Inzwischen frage ich mich, ob dieses Entweder-Oder noch stimmt. Ich frage mich auch, ob die Glückserfahrungen von Hans und Iwan nicht ausgesprochen männliche Erfahrungen sind, in denen der Einzelne kaum tangiert von Anderen sein Glück erfährt. Gibt es auch Frauenerfahrungen von Glück, und sehen die anders aus? Dabei fällt mir das Glück der Maria im Neuen Testament ein. Unsicher über die eigene Schwangerschaft und ihre Bedeutung besucht sie ihre Freundin Elisabeth. Der hüpft bei dieser Begegnung das Kind im Leibe, und diese »Wonne«, dieses Glück (das Wort »Freude«, das in den Übersetzungen Lk 1,44 zu finden ist, trifft nicht) springt auf die schüchterne Maria über, und sie singt ihr Lied, dass Gott die Niedrigen erhöht und die Mächtigen vom Thron stürzt. Glück wird hier in Gegenseitigkeit erfahren, und in ihrem Lobgesang weitet Maria ihre Glückserfahrung von ihrer Schwangerschaft noch auf alle Erniedrigten aus.

Vielleicht ist die Erfahrung, neues Leben geben zu können, die Erfahrung von Zweisamkeit die Urerfahrung von Glück, bevor Gold und Geld sie verschüttete. Nach Erich Fromm sind glückliche Mütter – und das heißt nicht selbstlose, sondern dem Leben zugewendete Mütter – der Urquell für glückliche Menschen.

Nach einer Untersuchung von Klaus-Peter Jörns heißt Glück heute für viele Menschen, gute Beziehungen unter Menschen zu haben. Glück ist dann einfach, lieben und geliebt zu werden.

Theologie auf Glückssuche

Es gibt also verschiedene Erfahrungen von Glück, und auch Theologen haben sich gegenwärtig wieder daran gemacht, über Glück nachzudenken, nachdem ihnen eine lange vom Kirchenvater Augustin geprägte Tradition die Glückssuche auf dieser Erde verdächtig gemacht hatte. Der Mensch ist zutiefst Glückssucher – das wusste auch Augustin, aber Glück sei letzten Endes die Unsterblichkeit der Seele, und die sei hier auf dieser mit Sünde behafteten Erde nicht zu erlangen.

Aber auch in späterer Christenheit hatten Gott und

Glück nicht viel miteinander zu tun. Meine kirchenferne Großmutter hatte Glückspfennige in ihrer Handtasche, was meine christlichen Eltern unpassend fanden, da solche Glückshelfer ja Zweifel an der Führungsmacht Gottes bedeuten konnten. Aber auf Dauer ließ sich Glücksverlangen nicht ganz aus dem Christenleben verbannen, und so stoßen wir bis heute auf den schönen Kompromiss »Glück und Segen auf all deinen Wegen« zu wünschen und Glück- und Segenswünsche auszusprechen. Man sichert sich doppelbödig: Glück von einem heidnischen Irgendwoher, Segen aus einem christlichen Himmel. Glück kann launisch sein, Segen scheint verlässlicher. Aber vielleicht tut beides gut?

Christen und Christinnen möchten auf das lang entbehrte Glück in diesem Leben nicht mehr verzichten. Glücklich waren die Menschen im Paradies – so heißt es –, und glücklich werden sie in der kommenden Welt sein. Aber dazwischen darf auch von Glück geredet werden: die Seligpreisungen sind als Glückszusagen verstanden worden, die Psalmen mit ihren Aufrufen: Wohl dem Menschen… werden als Glückpreisungen gedeutet. Auch Jesus soll ein glücklicher Mensch gewesen sein. Vor allem Frauen wollen sich mit einem erst in der Ewigkeit zugesagten Glück nicht mehr zufrieden geben. Wie Gerechtigkeit nicht mehr in einem fernen Jenseits sich erfüllen soll, so gibt es – auch hier schon – die Suche nach Glück und Gerechtigkeit. Die brasilianische Ordensfrau Ivone Gebara möchte z. B. den Wert unserer gegenwärtigen Existenz betonen als den einzigen Zeitpunkt, in dem unsere Suche nach Glück und unsere Huldigung an das Leben stattfindet. Das heißt zugleich den Körper, unsere Diesseitigkeit, die Freude und das Vergnügen am Leben neu zu schätzen.

Doch so wichtig Glück für die Theologie ist, und bevor wir Glück wieder für sie zurückgewinnen, möchte ich noch mal genauer fragen, was Glück denn eigentlich ist. Ich möchte seinen Charme, seinen Sinn, seine Zufälligkeit wieder spüren. Denn Glück ist ja nicht Sein, sondern Erleben von etwas Unerwartetem. Glück ist auch nicht recht beschreibbar, und es hat keine Dauer. Glück kann mir »hold« sein und mich schnell wieder verlassen. Wer sein Leben auf Sicherheit und Berechenbarkeit aufbaut, für diejenigen ist Glück eine unzuverlässige Größe, die besser außen vor bleibt. Etwas, das für Gaukler, Narren und Taschenspieler passt.

Aber gerade in unserer auf Sicherheiten aufgebauten Gesellschaft könnte Glück, diese unberechenbare Größe, wieder Sinn bekommen. Glück – ob Liebesglück, ob Lottoglück – ist die Erfahrung des unerwarteten Guten, das in unser Leben einbricht. Es kann das ganz banale Gute sein: dass ich den Zug gerade noch bekomme, weil er Verspätung hatte. Es kann ein Arztcheck sein, der mir – wider Erwarten – noch gute Lebensjahre verheißt. Es kann das freundliche Wort in einer Krise, der im Sandstrand wiedergefundene Schlüssel sein. Aber es kann auch die kaum noch erwartete große Liebe oder die kleine Erbschaft sein.

In vielen dieser Ereignisse sind wir ein Stück mitbeteiligt. Glück und Gelingen sind nicht ganz voneinander zu trennen. Wir können ihm den Weg ebnen, aber ihm auch den Weg verstellen und ihm im Wege stehen. Es gibt Glückskinder, die scheinbar mehr Glück als andere haben. Aber vermutlich haben sie das bessere Gespür für das kleine Glück, aus dem unser Leben besteht.

Die Rede vom glücklichen Menschen scheint mir jedoch keine treffende Rede zu sein, denn sie zementiert und moralisiert das Glück und diffamiert das Unglück, das zu jedem Menschsein gehört. Wenn uns zuviel Glücklichsein und Glücklichwerden abverlangt wird, werden wir überfordert, und das glückliche Gesicht verzerrt sich – so wie das immer freudige Christenleben eine Überforderung und Verzerrung war. Auch Jesus – meine ich – war in diesem Sinn kein glücklicher Mensch. Wohl aber hatte er Glückserfahrungen, als er den Himmel offen sah und sich mit Gott unmittelbar verbunden fühlte. Vielleicht auch, als er die Liebe zum reichen Jüngling spürte, bis dessen Reichtum sich zwischen beide stellte.

Glücklichsein gehört in das Reich der Utopien, von denen wir nicht wissen, ob sie überhaupt erstrebenswert sind.

Gott und Glück

Glück ist letzten Endes die Erfüllung der geheimsten, tiefsten Wünsche eines Menschen, die kaum ein anderer kennt. Was der/die Einzelne als Glück ersehnt, entspringt und entspricht seiner Einzigartigkeit und seiner Besonderheit. Es spiegelt Alter, Lebensgeschichte, Geschlecht und die sozialen Verhältnisse wider. Nach Simone de Beauvoir besteht Glück darin, zwar »zu leben wie alle Welt und doch wie kein anderer zu sein.« Und Erwin Strittmatter fragt: »Ist es nicht gleich, worüber ein Mensch glücklich ist? Ist es nicht die Hauptsache, dass er es ist? Ist's nicht so, dass dort, wo ein Glücksaugenblick eintritt, kein Raum für Kummer ist?«

Gott und Glück sind nicht zu trennen. Aber zweierlei scheint mir dabei wichtig zu sein:

Einmal, Glück und Gelingen wieder zu verbinden, indem wir aktive Glückssucherinnen und Glückssucher sind, solche, die sich nicht zurücklehnen und auf das große Glück warten, sondern die das kleine unerwartete Glück aufspüren, es sehen, riechen, fühlen. Wer es nicht sucht, wird es nicht finden, und es wird ihm nichts glücken. Es kann die Zufriedenheit über einen katastrophenfreien Tag sein, ein gelungener Kuchen, eine neu entdeckte Fähigkeit, die ich mir vorher nie zugetraut hatte. Ein Lichtblick, wo alles nur noch wie ein Verhängnis erscheint.

Aber weiter ist es unerlässlich, Glück als etwas Unerwartetes, Überraschendes, Unvorhergesehenes wieder in unser geplantes und berechnetes Leben einzubeziehen. Glück, das alles Berechnete überrennt und an dessen Zustandekommen ich keinen Anteil habe. Eine plötzliche Erfüllung meiner Sehnsucht.

Solche Erfahrung von unerwartet Gutem in unserem Leben möchte ich Gnade nennen. Eine Gnade, die mich einhüllt und umfängt, in der ich tatenlos glücklich bin. Gnade kennen wir meist als Zuspruch von außen. Aber diese Gnade ist leibhaft erfahrbar. Wir wissen, dass in Glücksmomenten Glückshormone ausgeschüttet werden. Die machen Glück spürbar. Die machen Gnade leibhaftig. Das sind die Glücksgefühle, die den Hans im Glück so unbeschwert springen lassen, die den Iwan Denissowitsch so glücklich einschlafen lassen, die in der Begegnung der beiden Frauen das Ungeborene der Elisabeth hüpfen und die Maria für sich und andere singen lassen.

Solch Glück ist ein Augenblick der Ewigkeit. Ein Raum, wo kein Kummer ist, wo keine Angst uns einengt. Ein Staubkorn der Liebe Gottes. Ein Tropfen aus dem Ozean seiner Fülle.

Solche Gnade lässt sich nicht erzwingen, aber die Fähigkeit, sie zu erleben, ist in uns eingepflanzt. Es liegt an uns, das unerwartete Gute in unserem Leben wieder aufzuspüren.

Wellness oder »Den Menschen ein Wohlgefallen«

Sich wohl zu fühlen, ist ein menschliches Grundbedürfnis.

Wohl fühlen wir uns, wenn wir innerlich und äußerlich ein Stück eins mit uns sind, und wenn auch die Außenatmosphäre stimmt: Menschen, die nicht abstoßen, die uns akzeptieren, das geistige und das physische Klima, Gerüche, Temperatur, die Luft, die Atmosphäre.

Sich wohl zu fühlen ist aber oft so unauffällig, wie unser Atem uns meist kaum bewusst ist.

So ist das Wohlgefühl etwas, worüber man kaum reflektiert. Es kann in der Familie, im Alltag, in der Freundschaft, im Beruf, im Urlaub, auch in der Einsamkeit sich einstellen. Reflektieren tun wir darüber erst, wenn wir uns eine Zeitlang nicht wohlgefühlt haben. Wenn der Schmerz nachlässt, die Feindschaft sich auflöst, der Konflikt beendet ist, die frische Luft zurückkehrt. »Wohl« ist ein altes Wort, das wir bis heute in vielen Verbindungen noch finden:

Wohlbehagen, Wohlfahrt, Wohlergehen… Es sagt scheinbar wenig aus, aber es umfasst etwas Ganzes:

Sinnliches,
Materielles,
Soziales,
Spirituelles,
das sich durch kein anderes Wort wie gut, schön, gelungen ersetzen lässt.

Sich wohlfühlen, wohlsein – so möchte ich Wellness übersetzen.

Doch angesichts der Inflation von »Wellness« gegenwärtig, in den Medien, in Hotels, in der Kirche, in Apotheken und Drogerien, im Urlaub und im Alltag, wird sichtbar, dass wir uns eigentlich nicht wohlfühlen. Dass dieser Zustand chronisch und verbreitet ist und eine Fülle von Sanierungen ins Haus steht.

Wer dem Übel auf den Grund gehen will, stößt bald auf die Sehnsucht oder die Suche, sich wieder als Ganzes zu erfahren.

Doch das, was auseinandergebrochen ist oder sich in verschiedene Richtungen entwickelt hat, wieder zusammenzufügen, ist ein Kunststück. Eins der schwierigsten Dinge dabei scheint mir zu sein, den Körper, den Leib wieder zu erleben, ihn in das Zusammenspiel von Seele und Geist mit einzubeziehen. Wir isolieren ihn normalerweise. Behandeln ihn kosmetisch, medizinisch, sportlich, stehen ihm meist skeptisch, misstrauisch vorsorgend, distanziert gegenüber, verehren ihn in Jugend- und Schönheitskult, aber lieben ihn selten. Im Alter fordert er neue Rechte: z. B. seine Hinfälligkeit, das Schwinden der Organkräfte sind zu beachten. Er macht im Laufe der Zeit mehr Ärger als Freude. Es ist ein abendländischer Körper, den wir gewohnt sind zu kontrollieren und zu beherrschen.

Es gilt leider: Vertrauen ist gut – Kontrolle ist besser.

Diesen Körper in Wellness einzubeziehen, nach seiner Bedeutung für unser Wohlbefinden zu fragen, fordert neu heraus. Und es fordert vor allem Theologie heraus, die Jahrhunderte lang das höchste Kontroll- und Wächteramt über den Körper für sich beansprucht hat.

So ist meine erste Frage:

Hat Religion etwas mit »Sich-Wohlfühlen« zu tun?

Zunächst scheinbar nicht.

Religion haben viele als Zwang, als Gebote, als Forderungen erlebt, die uns auf unseren eingeschlagenen Wegen stören. Religion scheint nicht bequem zu sein. Im Gegenteil: sie fordert zum Tun und nicht zum Lassen heraus. Sie kreuzt im wahrsten Sinne des Wortes unsere Pläne.

Fühlen wir uns wohl in der Kirche?

Sicher nicht, wenn wir steif in den nur allzu oft noch steifen Kirchenbänken sitzen, stehen müssen, wenn wir lieber sitzen bleiben würden und zur Stummheit verurteilt sind.

Trotzdem:

Als ein Bauer in unserer Kirche einmal einschlief und mein Mann bekümmert war, weil seine Predigtmühe vergeblich war, sagte ein Psychologe ihm: »Er fühlte sich wohl in der Kirche. Darum schlief er ein!«

Fühlen wir uns wohl, wenn wir die Bibel lesen?

Kriegen wir bei manchen Texten nicht ein schlechtes Gewissen? Statt Trost und Zuversicht? Mir selbst ist Paulus zu eifernd, Tora-Texte zu fordernd. Vieles erschreckt und ist unverständlich.

Texte von Blut, Sühnopfer und Sünde (manche Abendmahlsfeiern sind noch voll davon!) stoßen viele ab. Es bleibt eine Art Arkanweisheit, um sie zu interpretieren.

Für viele ist in der traditionellen Religionsausübung etwas abgespalten, was zu mir und meinem Ganzsein gehören könnte, was mich lustlos und unbeteiligt macht.

Aber: Ich fühle mich wohl in der Kirche, wenn ich irgendwo und irgendwie mitbeteiligt bin. Sei es, dass ein ungewohnter Ton in der Predigt oder Liturgie mich auf eine eigene Gedankenreise schickt. Sei es, dass ich aufgefordert werde, mit Nachbarn mich auszutauschen, wenigstens durch den Friedensgruß. Sei es, dass ich aufstehen und mich vom Platz fortbewegen darf, dass ich ein Bild betrachten oder eine am Gottesdienst mitbeteiligte Gruppe erleben kann.

Beim Bibellesen habe ich angefangen, mich wohl zu fühlen, als ich die Weisheitstexte entdeckte. Die Weisheit, eine weibliche Erscheinung Gottes, die an ihren Tisch lädt, nicht nur, um vorm Hunger zu bewahren, sondern zu einem kulinarischen Festmahl. Die uns nicht einfach zu Kindern, Söhnen und Töchtern Gottes, sondern auch zu Freundinnen und Freunden macht. Die Weisheitstheologie, in der es keinen Straf- und Drohapparat gibt, und in der sich auch Jesus wiederfand. Wer dieser Weisheit nicht folgt, katapultiert sich selbst ins Aus.

Auch die Psalmen tun vielen wohl!

Wohlsein kann sich dort einstellen, wo meine ganze Existenz einbezogen ist. Sehen wir genauer hin, so sind es Dimensionen des Körpers, die sich hier zu Worte melden: die Sinne, unser Hören, Fühlen, Schmecken und unser Bezogensein auf andere, eine Urerfahrung, die neu nach Leibhaftigkeit drängt und uns vor Monotonie und Einsamkeit bewahrt.

Doch neue sinnenhafte Gottesdienstformen sind nicht das Gängige, und Bibeltexte neu und für sich zu entdecken, ist nicht jedem gegeben.

Erfordert sich in einer Religion wohl zu fühlen nicht doch zu viele Anpassungen, Internalisierungen, ja vielleicht Selbstaufgabe bis, ein scheinbares Wohlsein gelingt?

Wellness in der Bibel

Gehen wir in die Ursprünge der christlichen Botschaft zurück, so zeigt sich das Gegenteil: das Wohlfühlen scheint mitten im Evangelium verankert zu sein.

Die ersten Heilungsgeschichten Jesu werden begleitet von den Worten der Umstehenden: »Er hat alles wohl gemacht!« – ein Ausdruck, der an die Aussage des ersten Schöpfungsberichtes anknüpft, dass Gott ansah, was er gemacht hatte, und es war gut.

Und Luther übersetzte m. E. sehr treffend die Botschaft des Weihnachtsevangeliums:

> Ehre sei Gott in der Höhe,
> Friede auf Erden
> und den Menschen ein Wohlgefallen.

Gott steht Ehre zu, der Erde Frieden und den Menschen Wohlsein. Das ist die Botschaft der Engel, die zwischen Gott und Welt vermitteln. Und sie heißt, dass Gott unser Wohlsein will und Gottes Ehre und der Friede auf Erden dem nicht widersprechen, im Gegenteil unser Wohlsein bedingen. Alle modernen Übersetzungen treffen nicht diese Doppelbedeutung: Gottes Wohlgefallen meint unser Wohlsein.

In der Jesusbewegung wird dann solches Wohlsein konkretisiert: In einem neueren theologischen Buch über Körpersymbolik heißt es:

> Etwas von dieser Zärtlichkeit und Aufmerksamkeit für das leibliche Wohl ist – über die Heiltätigkeit hinaus – auch von Jesus selbst ausgegangen, der in dieser Hinsicht ein echter Israelit und Orientale war, der das Leben in allen Dimensionen auch genießen konnte. Er hat gern in Gesellschaft anderer Menschen gegessen und getrunken. Er kümmerte sich darum, ob die Leute, die von weither zu ihm kamen, ein Abendessen bekamen. Als Zeichen seiner Gegenwart hinterließ er den JüngerInnen schließlich die Mahlgemeinschaft, das freudige und festliche gemeinsame Essen. Er war sich nicht zu schade, seinen Jüngern die Füße zu waschen, genoss es aber auch, wenn eine Frau ihm die Füße mit Öl einrieb. Im Markus-Evangelium lesen wir, wie Jesus sich sogar mit Wonne von einer Sympathisantin teures Parfüm über den Kopf gießen ließ:
>
> Als Jesus in Bethanien im Hause Simons des Aussätzigen war, kam, während er bei Tische saß, eine Frau mit einer Alabasterflasche voll echter, teurer Nardensalbe. Sie zerbrach die Alabasterflache und goss sie ihm über den Kopf. Da murrten etliche bei sich selbst: Wozu diese Vergeudung des Parfüms? Man hätte es ja für mehr als dreihundert Denare

> verkaufen und den Erlös den Armen geben können. Und sie fuhren die Frau an.
>
> Jesus aber sprach: Lasst sie! Was betrübt ihr sie? Sie hat ein schönes Werk an mir getan. Die Armen habt ihr ja allezeit bei euch, und so oft ihr wollt, könnt ihr ihnen Gutes tun. Mich aber habt ihr nicht allezeit. Wie sie vermochte, hat sie getan. Sie hat im voraus meinen Leib zum Begräbnis gesalbt. Und wahrlich, wo immer auf der ganzen Welt das Evangelium gepredigt wird, da wird auch das, was sie getan hat, zu ihrem Gedächtnis erzählt werden. (Mk 14,3-9) (Schroer/Schäubli, Körpersymbolik der Bibel)

Doch solches »Wohlsein« hat theologisch und kirchlich keinen Stellenwert mehr. Wir sprechen – wenn wir schon die Dimension des Körpers einbeziehen – vom Heilen und Heilsein. Aber Heilen und Heilsein setzt in seiner Bedeutung eine Krankheit voraus und meint einen Prozess, der eine gewisse Dauer hat. Wohlsein dagegen drückt auch ein momentanes Glücksgefühl aus und ist von dem schwergewichtigen Heilsein zu unterscheiden. Wohlsein hat Alltagsdimensionen, Heilsein religiöse Bedeutung.

Doch fragen wir zunächst nach dem verlorengegangenen Körper-Leib, der so unverzichtbar für unser Erleben von Ganzsein und Wohlsein ist.

Leibtheologie

Gegenüber den patriarchalen Anthropologien mit ihrer teils dualistischen, teils idealistischen, teils pessimistischen Sicht des Körpers beginnen feministische Theologinnen mit einer ganzheitlichen Anthropologie, in der Menschsein als körperlich-geistige Einheit gesehen wird. Das bedeutet eine Neufassung des Heilsverständnisses der Rechtfertigungslehre, die Körpersein und Heilserfahrung eingebettet sieht in gesellschaftliche Zusammenhänge.

Der eindrücklichste Entwurf für ein vom Körper ausgehendes Theologieverständnis ist die »holistische Anthropologie« der Brasilianerin Ivone Gebara. Vom Körper auszugehen heißt für sie, von der Realität auszugehen, vom Zentrum aller Beziehungen, dem Ort der Ekstase und der Unterdrückung, der Liebe und des Hasses. Es bedeutet, den Körper als grundsätzlich gut anzunehmen und sowohl den weiblichen als auch den männlichen Körper als Ort des Heils und der Auferstehung zu sehen.

Von einem ganzheitlichen Frauen- und Menschenbild ausgehend bekommt vor allem die Sexualität einen neuen Stellenwert, der sie nicht mehr auf den Coitus einengt, sondern auch zwischenmenschliche erotische Beziehungen umfasst. Das bedeutete in theologischer Praxis auch ein Wiederentdecken von Tanz, Bewegung, neuen leibhaften Ritualen. Ebenso bedeutete dies einen Bruch mit der bis dahin praktizierten Seelsorge, der eine Leibsorge gegenübergestellt wird, und eine Neuorientierung psychologischer Beratungspraxis an Frauenbedürfnissen. Grundlegendes Anliegen dieser Theologie ist, der theologischen Sprache die Fähigkeit wiederzugeben, vom Leben in seiner Konkretheit und Komplexität, seiner Schönheit, Körperlichkeit, Zerbrechlichkeit zu reden.

Vom Körper auszugehen, heißt ferner, sich darauf zu besinnen, dass alle Erkenntnis »leibvermittelte Erkenntnis« ist, die in der sinnlichen Wahrnehmung wurzelt, statt von einer »entleibten Rationalität« in der Theologie her zu denken. Diese Vorstellungen, die Beverly Wildung Harrison schon Anfang der 1980er Jahre für eine neue Moraltheologie vorschlug, sind bisher kaum verwirklicht worden. Für sie bedeutete Leibsein, in sich selbst und in Beziehung zu leben. Das Sinnempfinden sei das leibliche Grundelement, das unsere Verbundenheit mit der Welt vermittelt.

Auf der EATWOT-Frauenkonferenz in Costa Rica 1994 kamen dann massive Forderungen nach einer »Leib-Theologie« auf: »Wir verlangen einen theologischen Diskurs, in dem Verleiblichung zentral ist und in dem die Verdinglichung der Körper der Frauen unmöglich gemacht wird«. Es wurde verlangt, Theologien des Geistes zu dekonstruieren, die das physische Leben gering achten. Der Dualismus von Körper und Geist müsse überwunden und »die ganzheitliche Lebensenergie von Widerstand, Erneuerung, Unterstützung und Erhaltung, Heilen und Wachsen« neu begriffen werden. Die Auferstehung des Leibes sei »eine Realität im gegenwärtigen Leben«.

Leibtheologie beginnt also mit der sinnlichen und gesellschaftlichen Erfahrung von Menschen, speziell von unterdrückten und nicht zu Worte gekommenen Minderheiten, und fragt, wie für sie Heil, Gnade, ewiges Leben aussieht. Dabei verlagert sich das theologische Interesse auf diesseitige Heilserwartungen, so dass die traditionellen Auferstehungsvorstellungen zu einem Problem werden, aber Vorstellungen wie Wohlsein, Glück, gerechtes Leben bekommen einen spirituellen Wert.

Aus der Theologie der Dritten Welt kommen uns also Anstöße entgegen – trotz Armut, trotz niederen Lebensstandards – alltäglich Vorstellungen vom Sich-wohl-Fühlen zu entwickeln.

Die großen Heilsaussagen der Kirchensprache: »Erlösung« und »Befreiung« treten zurück. An die Stelle rücken Vorstellungen von den kleinen Dingen des Daseins: Achtsamkeit, Glück, Zufriedenheit, Wohlsein. Die Realität des Heilseins, der Alltag der Befreiung kommt in den Blick.

Erlösung bedeutet nun, »innerhalb der Grenzen des eigenen Körpers und der Geschichte eine gewisse Erfüllung zu erfahren, die als letztes Ziel die Suche nach Glück hat« (Doris Strahm).

So gelingt es Frauen aus der Dritten Welt mit ihrer Lebensnähe und ihrem Optimismus eine Sprache zu finden, durch die die schwergewichtigen theologischen Aussagen erfahrbar werden, ohne banal und trivial zu klingen.

Über abendländische Wellness theologisch zu reden, ordnet sich von daher mühelos in solchen Kontext ein.

Wohlsein ist nicht identisch mit Heilsein, aber es ist als eine punktuelle Erfahrung des Heilseins zu verstehen. Ein Moment der Harmonie mit Erde und Welt. Ein Gefühl der Ganzheit. Ein Schritt auf dem Wege?

Eine Facette des Heilseins?

Sich wohl zu fühlen im Namen Gottes kann – aus solchem Kontext abgeleitet – auch nicht als narzistisch missverstanden werden.

Genießen und genießbar sein

Frauen haben in den letzten Jahren Wert darauf gelegt, dass scheinbar banale, triviale Vorstellungen in der Religion wieder einen zentralen Platz bekommen. Was ist das Reich Gottes in verständlicher, menschlicher Sprache, haben sie gefragt und die Antwort gegeben: »the Wellbeing of all«. Also keine vage Zukunftshoffnung, keine misstrauisch zu beäugende Herrschaft, kein oft nur abstrakt bleibendes gerechtes Leben, sondern das einfache, einfältige, anspruchslose Wohlfühlen aller.

Sie sprechen heute auch – in Vermeidung großer religiöser Termini – vom »guten Leben«, dem aristotelischen Begriff, um das Ziel von theologischer Ethik und christlicher Hoffnung zu charakterisieren. Ein Gottesbezug ist darin allerdings nur schwer zu entdecken. Wieder hilft uns aber eine Frau aus einem anderen Kulturkreis, die Afroamerikanerin Alice Walker, den Bezug von den Kleinigkeiten des Alltags zu Gott und Göttlichem herzustellen. In ihrem Meisterwerk »Die Farbe Lila« stellt sie einen wunderbaren Zusammenhang zwischen Gottes Wohlgefallen und menschlichem Wohlgefühl her. In einem Gespräch zwischen den Frauen Shug und Celie heißt es:

> Shug: Wenn wir mal das Gefühl haben, Gott liebt uns, dann tun wir alles, dass wir ihm Freude machen mit dem, was uns Spaß macht.
>
> Celie, die Skeptikerin: Willst du mir erzählen, Gott liebt euch, wo ihr noch nie was für ihn getan habt? Ich mein, nicht in die Kirche geht, nicht im Chor singt, dem Prediger kein Essen bringt und all das?
>
> Shug: Aber wenn Gott mich lieb hat, Celie, dann brauch ich das alles doch nicht tun. Außer ich will's. Gibt Massen andere Sachen, die ich tun kann, wenn ich glaub, Gott hat sie gern.
>
> Celie: Was 'n da? frag ich.
>
> Shug: Na, ich kann mich einfach zurücklehnen und Sachen bewundern. Glücklich sein. Es schön haben.

Die andere reagiert, wie manche von uns vielleicht auch reagieren würden:

»Na, das klingt aber ganz schön gotteslästerlich!«

Aber mir scheint, dass das, was sie hier als Gottes Wohlgefallen beschreibt, das, was Gott Spaß macht, was ihn freut, menschliches Wohlsein ist:

Sich zurücklehnen, Sachen bewundern, glücklich sein, es schön haben. Den Menschen ein Wohlgefallen!

Gehen wir diesen vier Beschreibungen nach, so stoßen wir an vier unterschiedliche Dimensionen von Ganzsein:

Sich zurücklehnen heißt, sich körperlich zu entspannen, den Dienstleib aus dem Dienst zu entlassen, dem Kopf seine Herrschaft zu nehmen, den beherrschten und beherrschenden Rücken loslassen und den Körper wieder als Ganzes zu erfahren.

Im Zurücklehnen werden die Sinne neu ausgerichtet. Man sieht neu, und zwar bewundernd und staunend, nicht mit dem normalen registrierenden Blick, mit dem wir Dinge in Augenschein nehmen. Das angestrengte Ich erfährt sich auf diese Weise von woanders her, wird weit und erlebt sich in neuen befreienden Zusammenhängen.

Dazu gehört der Moment des Glücklichseins, das Vergessen von allem Schädigenden und das Erfülltsein mit Genuss. Vom Philosophen Lavater stammt der Satz: »Nur wer genießen kann, wird genießbar.«

Im Glück ist man nicht auf sich fixiert, sondern strahlt etwas aus und gibt etwas ab. Aber Glücksgefühle können simpel, fast banal sein. Für Fontane konnten es die 720 Minuten eines zwölfstündigen Tages sein, die ohne besonderen Ärger vergangen waren. Für Ivan Denissowitch im Gulag war es ein Tag ohne besondere Vorkommnisse, der für ihn »Glück« bedeutete. Glück kann ekstatisch, aber auch stille Zufriedenheit sein.

Und schließlich: es schön haben. Es schön haben, kann man nicht im luftleeren Raum. Es schön haben, setzt eine Umgebung, eine Atmosphäre voraus, die mich einhüllt. Schönsein ist heute aus dem rein ästhetischen Raum befreit und meint – dem Philosophen Wilhelm Schmid nach – nicht einfach Harmonie, sondern schließt das Hässliche ein. Schönsein möchte aufmerksam sein für das, was Leben ausmacht, auch für die Gefahren und das Inakzeptable im Leben. Schön ist das, was bejahenswert ist.

Schöpfungsspiritualität

In diesen vier Vorschlägen liegt eine ungeheuere Akzeptanz des Daseins, das meine Person umfasst, und die Wohlsein verspricht. In ihnen verbirgt sich aber auch eine ungewöhnliche Frömmigkeit, die unserer auf Kreuz und Auferstehung fixierten Theologie zunächst nicht einleuchtet. Wo hat sie ihren Ort?

Es ist eine Frömmigkeit (Spiritualität), die in diesem

Dasein einen Gott erkennt, der sich ebenfalls am Sabbath zurückgelehnt hat, seine Schöpfung bewundert und für sehr gut und schön befunden hat. »Gott sah alles an, was er gemacht hatte, und siehe da, es war sehr gut.«

Solches Gottesbild ist uns meist unbekannt. Gott haben wir mit vielen anderen Vorstellungen assoziiert: mit Gnade, mit Allmacht, mit Liebe, mit Gerechtigkeit und Gericht, zuweilen vielleicht auch schon mit Weisheit und Freundschaft. Doch sich zurücklehnen, die Schöpfung bewundern und sie gut und schön finden – sind das nicht allzu anthropomorphe Gottesvorstellungen? Aber sie stehen auf der ersten Seite der Bibel – lange bevor die Erzählungen vom gebietenden, zornigen, handelnden Gott stehen. Lange bevor eine Sündenfallgeschichte die Gottesbeziehungen überlagerte und zum Zentrum westlicher Theologie – ihrer Leibängstlichkeit und Leibfeindschaft – wurde.

Gottes Ruhe, seinen Sabbath, sein Nichtstun, haben Menschen an das Ende der Welt verlagert, aber sie steht am Anfang der Welt. So wie viele auch meinen, erst im Tode kehrt Ruhe ein, statt mit einem Sabbath ihr Leben zu beginnen und immer neu zu gestalten.

Angesichts unseres vergessenen Körpers, unseres dominierenden Kopfes, unseres steifen Rückens, angesichts unseres internalisierten Imperativs: Tu was!, angesichts der Weltprobleme Hunger, Aids und der ansteigenden Probleme im eigenen Land fällt solch Zurücklehnen schwer, angesichts unserer vielfachen Anleitung zum Unglücklichsein und unserer Unfähigkeit, uns auf Wunder und Überraschungen einzulassen (wie Hannah Arendt es eindrücklich gezeigt hat), klingen die vier Vorschläge wie ein eher reaktionäres Programm. Aber es ist ein Programm von Weisheit und Wissen, das unsere gesellschaftlichen Probleme einschließt, in vielen Religionen verborgen, aber auch in der christlichen Tradition verankert.

Wellness – sich wohlfühlen – kann eine Gottesbeziehung ausdrücken, die allzu oft vergessen ist.

Nur ist damit keine einheitliche Norm aufgestellt, keine verbindliche Spiritualität verordnet. Was mich angestrengt hat, und von was ich mich entspannen und zurücklehnen muss, ist unterschiedlich. Unterschiedlich sind auch die Sachen, die ich neu wieder sehen lerne, und die Überraschungen, die mich bewegen. Anders sind die Glücksgefühle und anders das Erleben von Harmonie und Schönheit, die tiefe Akzeptanz des Daseins mit allen Schmerzen und Freuden.

Verbindend für alle verschiedenen Lebenserfahrungen ist allerdings, Wellness, den Sabbath als Einleitung zum Leben, immer neu in den Mittelpunkt zu stellen. Ob dies mit Hilfe von Meditation, Wasser, Gebet, Tanz, Yoga, östlicher oder westlicher Methoden geschieht, ist die individuelle Entscheidung, die für die Einzelne/den Einzelnen ihrem/seinem Körper mit seiner Geschichte, seinen Krankheiten, Erfahrungen, Kränkungen sich aufdrängt. Sinnvoll ist es, im eigenen Leben, sei es noch jung oder alt, den Rhythmus, der der eigenen Geschichte entspricht, zu finden.

Die Botschaft von Wellness, sich wohlfühlen, Wohlsein ist in manchem ein Modetrend. Aber sie könnte auch mehr sein: sie könnte uns öffnen für eine alltagsnahe Erfahrung der christlichen Botschaft und die schwergewichtigen Begriffe wie Erlösung, Heil, Befreiung konkret und uns zugänglich machen. Sie könnte die Sinne weiten für etwas Neues, das in der Kirchenkultur einen sinnvollen Platz haben kann, das sowohl den Alltag als auch den Sonntag bestimmen kann.

Sie könnte das praktisch einlösen und zugänglich, fühlbar und erlebbar machen, was seit zweitausend Jahren das Weihnachtsevangelium verheißt:

»Und den Menschen ein Wohlgefallen.«

»Ich bin ich und ich bin gut, weil Gott keinen Mist baut«

Wenn wir nach Ursachen vielen Unheils in unserer Gesellschaft fragen, dann stoßen wir sehr schnell auf das Phänomen, dass Menschen sich nicht angenommen wissen. Nicht erwünscht, von den Eltern nicht geliebt, in der Schule nicht anerkannt, gesellschaftlich ins Abseits geschoben – das sind gravierende Erfahrungen, die zu Selbstverachtung und Selbstzerstörung, zu unkontrollierten Aggressionen bis hin zu kriminellen Aktionen führen können.

Der Jugendforscher Wilhelm Heitmeier hat aufgrund seiner Arbeit mit straffälligen Jugendlichen eine »Kultur der Anerkennung« gefordert. Und ich meine, er hat damit einen wunden Punkt in Gesellschaft, Kirche und Kultur getroffen: wir brauchen Formen, Sprache, Riten, die Anerkennung verschaffen, die die Wunden schließen, die Menschen, das Leben, die Verhältnisse aufgerissen haben. Und es sind ja nicht nur Jugendliche, die auffällig werden. Es sind alle Altersstufen, in denen Menschen an mangelnder Selbstachtung leiden, vor allem Frauen, denen es noch weniger als Männern gelingt, die negativen Erfahrungen zu verdrängen, z. B. durch berufliche Erfolge oder durch immer noch funktionierende Gruppenerfahrungen. Doch selbst Reichtum und Erfolg können solche Urerfahrungen nicht auslöschen.

Nun gibt es zwar eine breite, aber höchst oberflächliche Kultur der Anerkennung, die nach allen Seiten hin vermitteln kann: Du bist okay, Gott liebt dich, die Eltern stehen auf deiner Seite, du bist angenommen... oder wie auch immer die anerkennenden Streicheleinheiten aus Kultur, Kirche und Familie lauten mögen. Aber das hat mit wirklicher Anerkennung wenig zu tun. Wirkliche Anerkennung glättet nicht die Oberflächen. Sie greift tiefer.

Sie versucht den ganzen Menschen zu erfassen. Sie spürt ihn in seinen Konflikten auf und versucht, ihm einen eigenen Weg zu öffnen.

In den verschiedenen Bereichen müssten dafür neue Schritte versucht werden. Für mich ist es der Bereich Kirche und Theologie, von dem her ich eine veränderte Denk- und Sprechweise entfalten möchte, die den Menschen aus der Enge ihrer Selbstwahrnehmung heraus einen neuen Lebensraum erschließt.

Ich beginne mit einer Erfahrung:

Anfang der 80er Jahre war ich in Braunschweig zu einem Seminar über feministische Theologie eingeladen. Ich versuchte am ersten Nachmittag den Frauen klarzumachen, dass sie sich frei machen sollten von den Zuschreibungen, wie Frauen sein sollten, und stattdessen ihre eigenen Interessen und Wurzeln entdecken. Aber nach einigen mühevollen Stunden waren sie zwar bereit, sich mit all ihren Handicaps, ihren Schwächen und Macken – wie sie sich ausdrückten – zu akzeptieren, aber zu einer Lust und Liebe zur eigenen Person konnte ich sie nicht bringen. Keine konnte sich wirklich lieben mit Haut und Haar, mit angeblich Gutem und angeblich Schlechtem, mit Innen und Außen. All das blieb draußen, was Frauen an sich selbst verachten gelernt hatten. Sie konnten ihre Selbstverachtung nicht verwandeln in Stärke und Selbstliebe. Sie saßen da, kritisch und bereit, ausgewogene und angepasste Persönlichkeiten in Gesellschaft und Kirche zu werden, aber ihre tieferen Schichten waren nicht berührt.

Nachts saß ich im Bett lange noch hoch und überlegte, wie ich ihnen den Weg zu ihrem eigenen Ich öffnen könnte, und es fielen mir drei Sätze ein, die vielleicht hilfreich wären:

Ich bin gut.
Ich bin ganz.
Ich bin schön.

Sie waren für mich tief in der christlichen Tradition verankert, in der Bibel, beim jungen von Mystik berührten Luther, in vergessenen Schichten und Tradition. Nur – sie waren verdunkelt und ins Abseits gedrängt und lange nicht gehört worden.

Um sie wirklich aufzunehmen war aber zweierlei notwendig:

Einmal die patriarchalen einengenden Gottesbilder hinter sich zu lassen und viele andere befreiende Gottesbilder neu erleben:

Gott, die wie eine Mutter ihre Kinder von Anfang an schützend umfängt,
Gott als Weisheit und Freundin, die uns auf unseren Wegen begleitet,
Gott als Adlermutter, Hebamme, die uns zu neuem Leben verhilft,
Gott als Macht in Beziehung, die uns in Freundschaften und alltäglichen Beziehungen begegnet,
Gott in kosmischer Weite,
Gott in mystischer Nähe.

Und zweitens:

Die einseitige juristische theologische Sprache zu verlassen, die Sprache, nach der wir vor Gericht stehen, Sünder sind, freigesprochen werden, Sühne brauchen und Vergebung empfangen. Wir können eine heilende, therapeutische, ästhetische Sprache wieder entdecken, durch die wir freigemacht, nicht nur freigesprochen werden.

Wir stehen nicht ständig vor dem Richterstuhl Gottes, wir suchen nach Bildern, die uns heilen von Einsamkeit und Zerrissenheit und durch die wir von der Nähe Gottes umfangen werden. In der modernen Theologie – in der Lehre von der Rechtfertigung – ist der Begriff der Annahme vor allem durch Paul Tillich wieder zentral geworden. Aber Tillich vermied den Begriff Selbstliebe – wie ihn Erich Fromm vorgeschlagen hatte, und er sprach von natürlicher Selbstbestätigung oder »paradoxer Selbstannahme«. Doch genügt diese Sicht?

Vielleicht geht es heute darum, die lustvollen Anteile unserer Person, denen ständig misstraut worden war, wieder in den Vordergrund zu stellen und sie in einem mütterlichen, ganzheitlichen, lustbestimmten Gottesbild wieder aufleben zu lassen.

Doch ich möchte noch näher auf diese drei Sätze:

Ich bin gut,
ich bin ganz,
ich bin schön

eingehen.

Wie weit erreichen sie uns und helfen sie uns, uns im tiefen Sinn von Selbstliebe anzunehmen?

Ich bin gut

Ein Teenager aus einem Schwarzen-Ghetto in den USA hat einmal gesagt: »I am me and I am good, because God don't make no junk!« (Ich bin ich, und ich bin gut, weil Gott keinen Mist baut!)

Damit hat er das ausgedrückt, was wir heute als eine Rückkehr zum Schöpfungsglauben bezeichnen würden. Ein Wissen, dass alles Sein heilig ist. Ein Wissen um Gottes gute Schöpfung, die er ansah und für gut befand, und was sich – mit dem gleichen Ausdruck – in den Heilungsgeschichten Jesu wiederholt. Diese Zusage des Gutseins ist uns verlorengegangen. Die Grundbefindlichkeit von Frauen ist eher, dass sie nicht gut sind, dass sie sich schuldig fühlen und, wie eine Psychiaterin einer städtischen Nervenklinik sagt, dass Schuldgefühle Grundgefühle weiblichen Daseins sind. Dabei haben gerade Frauen hohe Standards an sich selbst, gut zu sein, und das Scheitern dessen steigert noch ihre Zerrissenheit.

»Ich bin gut« heißt für mich, aus diesem Teufelskreis von Fremdzuschreibungen heraustreten und mich, so wie ich bin, als gut und richtig erleben. Dafür ist eine göttliche Liebesvorstellung nötig, die dem Kind das Gefühl gibt, ohne alle Bedingungen geliebt zu werden, ob es schön, hässlich, klug oder dumm ist. Nach Erich Fromm gibt es einen Unterschied zwischen väterlicher Liebe, die Forderungen stellt, und der mütterlichen Liebe, die dem Kind das Vertrauen gibt: »Es ist gut, geboren zu sein«, und die die Liebe zum Leben schenkt.

Wie können wir zu diesem Gutsein, zu dieser Heiligkeit allen Seins zurückfinden?

Der Psychologe Erich Fromm hat bei Luther und in seiner Theologie etwas von solcher matriarchalen Gottesliebe entdeckt, die Menschen in dem Lebenskreis Gottes gut sein und gut handeln lässt und die dem Kind das Grundgefühl gibt: Es ist gut zu leben. So hat der junge Luther ganz unbekümmert sagen können, dass Gottes Gutsein uns gut macht und wir wie ein guter Baum gute Früchte bringen können.

Mit diesem Potential mütterlicher Grundliebe gehen viele Menschen ins Leben und werden glückliche Menschen.

Gott hat Liebe und Lust zu ihrer Schöpfung, und wir können sie ihr am besten vergelten, indem wir in diese Liebe und Lust einstimmen und sie widerspiegeln.

Am Anfang dieses Weges steht also die Lust, sich wieder zu entdecken.

Ich bin ganz

Die Sehnsucht nach Ganzheit zieht sich wie ein breiter Streifen nicht durch das persönliche Leben von Frauen sondern auch durch das literarische:

Die Suche nach solcher Ganzheit vereint so unterschiedliche Frauen wie die Jüdin Fanny Lewald, die Historikerin Ricarda Huch, die Christus einen »Ganzmacher« nannte, die Dichterin Silvia Plath, Edith Stein und Christa Wolf, die vom radikalen Anspruch von Frauen sprach, »als ganzer Mensch zu leben«, und »von allen Sinnen und Fähigkeiten« Gebrauch zu machen.

In Ganzheit drückt sich individuelle Lebenshoffnung nach dem Ende des Zerrissenseins aus, aber dahinter steckt die Vision einer vernetzten, miteinander verbundenen Welt.

Frauen haben sensibel die abendländische, kulturelle Trennung von Kopf und Körper, von Geist und Seele, von Denken und Fühlen, von Hausarbeit und Kopfarbeit gespürt und diese Schizophrenie zum Ausdruck gebracht.

Viele betonen deshalb, dass solche Trennungen krank machen und spaltend sind, und verlangen nach ganzheitlichen Lebensstilen. Sie wollen ganz und nicht mehr zerrissen, gespalten, abgetrennt sein.

Ganzsein heißt aber nun keineswegs, perfekt zu sein. Perfekt zu sein ist wie eine weibliche Notlösung für das nicht gelingende Ganzsein. Es zeigt sich in der perfekten Hausfrau, im staubfreien Haus, im Putz- und Reinigungswahn, in der Angst, Fehler zu machen.

Ganzsein heißt, das Gebrochene, Fragmentarische unseres Lebens nicht verdrängen, aber auf diese Ganzheit unserer Person und unseres Lebens hinleben. »Sich an allen Ecken wundstoßen und ganz bleiben« – so hat die Dichterin Hilde Domin diese Vision vieler Frauen ausgedrückt.

Doch wie können wir zu solcher Ganzheit zurückfinden? Zu einer Ganzheit jenseits von allen Verwundungen, von allem Zerrissensein, von allen Spaltungen in Kopf und Körper, in Geist und Leib?

In unserer Kirchenkultur und Kirchensprache hat solche Ganzheit leider keinen Platz, und bietet auch keine

Hilfe an, da die klassische Theologie immer noch eine – wenn auch subtile – Trennung von Geist und Körper pflegt. Hier müssen wir uns jedoch auch deutlich von der reformatorischen Tradition absetzen und uns auf die Bibel berufen, die immer von der Ganzheit der Person oder des Lebens ausgeht. »Ihr sollt ganz sein, wie Euer himmlischer Vater ganz ist« – heißt es in der Bergpredigt. Und im Alten Testament: »Du sollst Gott deinen Herrn lieben von ganzem Herzen, von ganzem Gemüt und mit allen Kräften.«

Mit der Erfahrung von Zerrissenheit und der Suche nach Ganzheit beginnt eine Reise zu uns und noch unbekannten, verborgenen Kräften unserer Person. Es ist zugleich eine Entdeckung unseres Körpers als einer Energiequelle ungeheuren Ausmaßes, des Körpers, den zu beherrschen wir gelernt haben. Den wir nicht gesehen und nicht geachtet haben, aber mit dem wir doch fühlen, erfahren und letzten Endes auch denken. Und den wir als Quelle eines neuen Erlebens der Welt erfassen können. In dieser Suche nach Ganzheit lässt sich ein Stück neue Identität erfahren, oft spontan und unerwartet, überraschend, die eine Unabhängigkeit von fremden Urteilen und unsichermachenden Erfahrungen gibt. Die Suche nach Ganzheit bleibt aber eine Reise ohne Ende, doch eine Reise voller Abenteuer, die uns neu sehen und erfahren lässt.

Mit Ganzheit sagen sich Frauen los von dem abendländischen Körperhass und der Körperverachtung. Mit Ganzheit könnte auch eine in die Sünde des Fleisches verliebte Theologie wieder zu Schöpfung und Schöpferin zurückkehren. Es ist Zeit, dass die verdrängten Emotionen, die unterdrückten Gefühle, die abgedrängten Energien wieder ihren Platz im Menschen zurückbekommen, und gerade Frauen, die oft genug Sinnbilder für solche Abspaltungen waren, haben eine spezielle Aufgabe, sich als ganze Menschen zur Ganzheit zu bekennen.

Schönheit hat in der Medienkultur und Werbung den höchsten Stellenwert, und es ist kein Preis zu hoch und keine Anstrengung zu groß, um Schönheit zu erreichen.

Aber dieser Satz: »Ich bin schön« hat für mich einen theologischen Hintergrund. Als der junge Luther noch unbekümmert und spontan in seiner Wortwahl war, schrieb er: »Die Sünder sind schön, weil sie geliebt werden«, ein Satz, der in der klassischen Theologie vielfach vergessen ist. Mich hat er jahrzehntelang begleitet, weil für mich darin die Faszination liegt, die einem Menschen mit auf den Lebensweg gegeben werden kann. Schön sein heißt einmalig, einzigartig, original sein – es wird durch den verzückten Blick der Mutter, des Vaters ausgelöst, die das Kind betrachten, egal ob es zu klein, zu dick, zu schrumpelig ist. Es ist der verzückte Blick auf die Einzigartigkeit eines Lebens, das es so nicht wieder geben wird. Es ist ein Blick, der Kinder dann auch wirklich schön werden lässt und der sich durch Menschen auf dem späteren Lebensweg wiederholen kann.

Schön zu sein, ist aber kein Luxus. Es ist kein Sonntagsbild. Es ist eine alltägliche Vorstellung, die uns einmal mitgegeben wird: meist durch Mütter, aber auch durch Väter, die ihr Kind mit diesem verzückten Blick betrachteten und Menschen den Zugang zu einem glücklichen Leben öffneten. Es ist ein Blick, der Kinder tatsächlich schön werden lässt und sie gut und glücklich handeln lässt. Dieser Blick kann auch noch später im Leben sich immer noch einmal ereignen: durch einen Partner, eine Partnerin. Durch eine Freundin, einen Freund. Durch Menschen auf dem Lebensweg.

Mit dem Bild, dass wir schön sind, kehren wir zurück zu einem unsere Wirklichkeit verwandelnden Blick von Auferstehung, in der neue Energien freigesetzt werden. Wenn wir lernen, vom Gutsein, Ganzsein und Schönsein des Menschen zu sprechen, bauen wir keine Illusionen auf, sondern kehren zu Gott-Mutter, Schöpferin und Erhalterin des Lebens zurück, eine Sichtweise, die wir lange vergessen haben.

Mit diesen drei Schritten können wir uns näher kommen, können wir beginnen, uns deutlicher zu sehen und uns selbstliebend zu akzeptieren, in unserer Einmaligkeit und Einzigartigkeit. Misstrauen und Zerrissenheit können zurücktreten, und unser Blick kann sich weiten auf uns selbst und das Leben in seiner Güte, seinen vielen Dimensionen, seiner verborgenen Schönheit.

So kann Selbstannahme geschehen, die uns von zerstörerischen Erfahrungen heilt, und so kann durch uns und um uns herum eine Atmosphäre der Annahme der Selbstliebe entstehen, in der sichtbar und vernehmbar wird: Es ist gut zu leben.

»Guten Morgen, du Schöne«

Bin ich schön? Irgendwann in unserem Leben haben wir uns alle diese Frage gestellt. Meist dann, wenn der Charme der Kindheit vorbei war und die bis dahin fraglos hingenommene Harmonie gestört schien. Etwas hatte uns zu missfallen begonnen: die Nase zu lang, die Ohren zu groß, die Beine zu kurz, die Haare wie Stroh. Ein Defekt genügte, um uns in tiefe Zweifel an der Schönheit unserer Person zu stürzen. Wäre die Nase zierlich, die Ohren klein und fein, die Beine lang und die Haare lockig … Aber nein, sie waren es nicht, und unser misstrauisch gewordenes Ich gestand sich: Nein, ich bin nicht schön. »Schönheit ist ein Glanz von innen« – mit diesem Rilke-Wort trösteten sich manche lange über diesen erlebten Bruch hinweg.

Inzwischen sehe ich zwei Barrieren, die Schönheit bei Frauen und Schönheit in der Theologie verhindert haben. Ich möchte sie zunächst aufzeigen und dann Wege aus dem Dilemma beschreiben.

Einmal scheint mir der Grund in vielen ursprünglichen Frauenerfahrungen zu liegen. Zweitens ist das kirchliche Misstrauen gegen menschliche Schönheit tief in der Theologie verankert und bedarf der Aufklärung.

Von zwei Seiten her möchte ich mich also dem komplexen Thema Schönheit nähern und zuletzt fragen, wie wir in der Gegenwart Schönheit neu verstehen und sehen können.

Frauenerfahrungen

Hilfreich für Frauenerfahrungen ist das Buch »Jokastes Kinder«.

Die Psychoanalytikerin Christiane Olivier meint darin,

dass gerade Frauen besondere Schwierigkeiten haben, sich schön zu finden, weil das kleine Mädchen mit seinem Körper von der gleichgeschlechtlichen Mutter nicht das tiefe erotische Begehren erfahren kann, das der andersgeschlechtliche Sohn mit seinem Körper von der Mutter erfährt. Die Lustgefühle, sich selbst schön zu finden, werden bei Mädchen nicht geweckt, wenn die Mutter sie nicht selbst erlebt hat. Der Glanz im Auge der Mutter fällt meist auf den Sohn. Der Vater, der dem Mädchen die entsprechende Annahme geben könnte, ist oft fern, fern auch von Wickeltisch und Badezimmer. Olivier beschreibt die Folgen so: »Das Mädchen, später die Frau, ist nie zufrieden mit dem, was sie *hat*, mit dem, was sie *ist;* sie wünscht sich immer einen anderen Körper als den ihren; sie möchte ein anderes Gesicht, einen anderen Busen, andere Beine … Wenn man sie reden hört, findet jede Frau, dass irgend etwas an ihrem Körper nicht richtig ist oder anderen nicht gefällt.«

Viele Frauen erleiden also schon ganz früh eine permanente Entfremdung von ihrem Körper, einen Mangel an tiefer Akzeptanz ihres Geschlechts und ihrer Person. Ein Zuviel an Leere und ein Mangel an Fülle kann Frauen daher lebenslang begleiten, während viele Jungen durch ihre gegengeschlechtliche Mutter mehr Urerfahrung von Sicherheit gemacht haben, die sie da behaglich sein lässt, wo sie sind. Der Glanz im Auge der Mutter, der auf viele Söhne gefallen ist, nimmt es ihnen ab, auf lebenslange unruhige Schönheitssuche zu gehen. Und da der Körper für die meisten die Ausdrucksform für Schönheit ist, zeigt unruhige Schönheitssuche unsere Körperdissonanz. Die Lust, die uns mit uns eins werden lässt, ist nicht da, sie ist nicht geweckt. Soweit Olivier!

Wir stoßen damit auf ein anderes Phänomen von Schönheit als das von der objektiven, makellosen Schönheit. Schönheit entsteht im Gegenüber. Sie wird geweckt durch Lust am anderen, an der anderen.

Mir ist dies einmal ganz früh deutlich geworden: Am Ende des Krieges saß mir in der Straßenbahn eine Mutter mit einem Kind gegenüber. Flüchtlinge. Müde. Das Kind blass und, wie mir schien, ausgesprochen hässlich. Und dann geschah das Wunder: Die Mutter beugte sich zu dem Kind herunter und lächelte es an, und das Kind lächelte zurück, und dabei wurde sein mir so hässlich erscheinendes Gesicht plötzlich schön. Die Backen wurden farbiger, die Augen bekamen Glanz; alles, was so disharmonisch gewesen war, geriet in Beziehung. Das Kind *war* jetzt schön, und ich genierte mich vor mir selbst wegen meines kalten Schönheitsbegriffes. Das Entzücken aneinander in allem Elend hatte Wirklichkeit verändert.

Solche Macht der Beziehung ist auch zwischen Gleichgeschlechtlichen, zwischen Mutter und Tochter, möglich. Die eigene erotische Liebe zu ihrem Körper könnte, so meine ich, auch bei der Mutter eine andere Beziehung zum Körper der kleinen Tochter herstellen, so dass diese ihren Körper richtig und *schön* finden kann, dass sie zufrieden ist mit dem, was sie hat und was sie ist. Selbstbewusste und sich selbst liebende Frauen könnten ihren Töchtern jenes körperliche Urvertrauen vermitteln, das sie später gelassen und souverän gegenüber von außen sich aufdrängenden Schönheitsidealen macht. Die Lust, die uns einmal angelacht hat, lässt sich nie ganz vergessen.

Wichtig wäre es überdies, dass Männer ihren Frauen, Väter ihren Töchtern das Grundgefühl, schön zu sein, mitgaben, und dass auch der Glanz im Auge des Vaters den Lebensweg von Frauen beglänzt.

Doch wie kommt unsere Generation, die eingeklemmt ist zwischen alte Denk- und Verhaltensmuster und neue Aufbrüche in noch unbekannte freie Räume, zu solcher vorbehaltlosen Annahme ihrer selbst? Wie kommen Frauen, deren Mütter noch zu wenig Lust und Liebe zu sich selbst und ihrem Geschlecht entwickeln durften, zur Selbstliebe? Wie kommen Männer dazu, ihre durch Arbeit und Erfolgssuche verschütteten Fähigkeiten wieder zu entdecken und nicht selbstbezogen in sich stecken zu bleiben? Wie entdecken wir Lust, die unsere Schönheit weckt?

Mit großen Aufbruchsbewegungen, mit Willensanstrengungen, mit guten Vorsätzen ist hier nichts getan. Der zarte Keimling Lust würde dabei schnell niedergewalzt. Beginnen wir einmal damit herauszufinden, was uns überhaupt Lust macht. Für manche eine ungewohnte Aufgabe, für die Lust noch immer bei Triebhaftigkeit und böser Welt-Lust angesiedelt ist. Für viele ein goldener Schlüssel zu ungeahnten Weiten ihrer Persönlichkeit. Dieser Weg zu uns selbst ist ein Abenteuer, das uns zugleich aber auch mit vielen erschreckenden Seiten konfrontiert. Der Spiegel, den wir uns dabei vorhalten, spiegelt ja nicht einfach unerfüllte Träume, Sehnsucht nach Liebe, nach Gemeinschaft, nach Erfolg, Abenteuer, Anerkennung. Er spiegelt auch Dinge, die wir gern wegstecken würden: Neid, Hass, Wut, Zerstörungslust. Wer sich nicht scheut, den Spiegelblick auszuhalten, wer genau hinsieht, sieht sich selbst in aller Ambivalenz: Komisches, Abgründiges, Lächerliches, Liebenswertes, Leidenschaftliches. Wer gewohnt ist, vor allem seine Schattenseiten zu beäugen – und Christen und Christinnen sind Künstlerinnen darin! – wird auch schnell und vermehrt seine Fehler entdecken. Wenn wir uns aber einmal von dieser moralischen Ebene entfernen, wenn wir uns neue Augen gestatten, uns selbst anzusehen, entdecken wir etwas ganz anderes. Unsere Augen können analysieren und innerhalb unserer gewohnten moralischen Kategorien wahrnehmen. Sie können aber auch anders sehen, sinnenhaft, ästhetisch, lustvoll. Sie können eine andere Ebene erfassen als die unserer gewohnten Urteile. Nehmen wir einmal dies Beispiel: Eine

Frau entdeckt auf dem Weg zu sich selbst, dass sie sich liebendgern in anderer Leute Dinge einmischt, dass sie schwatzhaft und klatschsüchtig ist. Sie bestätigt sich damit wieder einmal die Vulgär-Meinung über Frauen. Sie kann aber auch mit einem anderen Blick anderes von sich erfassen: dass sie eine tiefe Lust an Kommunikation, an Leben-Geben hat. Das kann zur Schwatz- und Klatschsucht führen, das kann aber auch die Fähigkeit zu lebengebendem Sprechen sein. Wenn eine Frau sich mit solchen Augen sieht, sieht sie etwas von ihrer tiefen Schönheit. Sie kann aus ihrem engen, moralischen Zirkel heraustreten und sich in einer neuen Weite sehen. Sie braucht sich nicht mehr zu verurteilen. Sie kann sich annehmen, weil sie in sich etwas zutiefst Gutes erlebt hat: ihre Lust an Beziehungsfähigkeit, die sich und anderen Leben eröffnet, ihre Schönheit, Leben zu wecken. Es gibt also zwei Möglichkeiten zum Schönsein: 1. erweckt werden und 2. sich selbst erwecken.

Soweit die Situation aus Frauenperspektive.

Schönheit in der Theologie

Schönheit – Schönsein hat keine rechte Heimat in der Kirchenkultur. Das zeigt z. B. die lange verfügbare Ausgabe des großen protestantischen Wörterbuchs »Religion in Geschichte und Gegenwart«, das lange gar keinen Artikel »Schönheit« enthielt. Erst in der jetzt entstehenden Neuauflage ist der Schaden behoben! Das zeigen die wenigen Reflexionen über Schönheit im Christentum, vor allem in seiner protestantischen Version. Allerdings gibt es ein paar Buchtitel aus den vergangenen Jahren, die diesen Mangel scheinbar beheben. Doch sieht man näher hin, dann sind sie spezialisiert und fixiert auf Gottes Schönheit: »Dass Gott schön werde« (Rudolf Bohren). Doch die menschliche Schönheit? Gibt es sie nicht? Wird

sie übersehen? Ist sie zerbrochen, verdeckt durch die Sünde?

Auch das Kindergottesdienstlied: »Schönster Herr Jesu«, das manchen als Ausgleich einfällt, spricht zwar auch von der Schönheit der Menschen, aber die ist beschränkt auf die »Jugendzeit«. Altersschönheit gibt es, so scheint es, nicht, und alle Schönheit mündet schließlich im schönsten Herrn Jesus. Eine menschliche Eigenschönheit ist demnach nicht vorstellbar.

Und Luthers viel geliebtes Sommerlied: »Herzlich tut mich erfreuen die schöne Sommerzeit« enthält viel Schönheitsgedanken, zielt aber letzten Endes auf die »ewige Schönheit«, die auf dieser Erde nur erhofft, aber nicht erlebt wird, gegenüber der alle Schönheiten verblassen.

Nun ist die Bibel aber gar nicht so prüde mit Schönheitsbildern. Frauen und Männer werden schön genannt: Rahel und Joseph. Die Liebenden im Hohenlied, dem Liebeslied, nennen sich schön und sind verzaubert von der gegenseitigen Schönheit.

Und natürlich ist Gott »sehr herrlich, schön und prächtig geschmückt«. Und dann heißt es auch im gleichen Psalm:

> … dass der Wein erfreue des Menschen Herz und sein Antlitz schön werde vom Öl … (Ps 104,1.15).

Gottes Schönheit und des Menschen Schönheit stehen also in enger Beziehung. Das kommt noch deutlicher in einem Vers der Weisheitstheologie heraus, in dem die vielen guten Gaben der Schöpfung gepriesen werden, und wo es schließlich heißt:

> Der aller Schönheit Meister ist, hat das alles geschaffen … Es wird an der Größe und Schönheit der Geschöpfe ihr Schöpfer wie in einem Bild erkannt … (Weisheit 13,3.5).

In beiden Stellen sind eindeutig die Menschen einbezogen in die Schönheit Gottes, werden ein Teil von ihr und stellen sie dar. In dem Weisheitsvers ist sogar die Schönheit gegenseitig gesehen: Gott spiegelt sie in den Geschöpfen, und die Geschöpfe spiegeln Gottes Schönheit wider.

Solche Sätze sind vergessen worden, wie auch die Weisheitstheologie mit ihren Bildern von Gott als Frau Weisheit, mit ihrer Gottesmystik, mit ihren Vorstellungen von der Freundschaft zwischen Gott und Mensch vergessen wurde.

Dominierend in der Theologie, der Liturgie, den Kirchenliedern ist bis heute nicht die Schönheit Gottes, sondern die Herrlichkeit, und die hat eindeutig einen anderen Akzent, der eher auf die Macht und Unverfügbarkeit Gottes hinweist.

Wir sollten den Charme der Schönheit Gottes jedoch wieder entdecken und fragen, wie er heute in unserer Gegenwart und in Menschen erfahrbar wird.

Doch zunächst möchte ich noch fragen, warum die Rede von der Herrlichkeit Gottes die Aussage von der Schönheit Gottes verdrängt hat. Noch in der frühen Christenheit begegnen wir immer wieder einer ästhetischen, erotischen Sprache, um das Erlöst- und Befreitwerden auszudrücken: Gott ist Eros, die Getauften sind schön…

Eine Leichtigkeit des Seins wurde damit ausgedrückt. Heute dagegen wird die christliche Sprache eher von der Schwerblütigkeit einer juristischen Terminologie geprägt, nach der Menschen freigesprochen, nicht freigemacht sind. Was Heil und Heilung einmal waren, wird juristisch verengt und berührt viele nicht mehr.

Ich möchte eine Ursache dafür aufzeigen: die Lebenserfahrungen und die daraus entstandene Theologie des Kirchenvaters Augustin, die bis heute katholische wie evangelische Theologien prägt.

Wer war er? Ein Mann, der zunächst ein ungebunde-

nes Jugendleben führt, später Skrupel bekam. Der dann seine Sexualität fürchtete, mit seinen Trieben nicht umgehen konnte; für den Frauen mit ihrem Körper verführerisch waren. Auf der andern Seite war er ein großer Ästhet und Schönheitssucher, schrieb die ergreifenden »Bekenntnisse«, meinte aber schließlich für sich und die Menschheit mit ihren unkontrollierten Trieben, den Staat zu Hilfe rufen zu müssen, und wies der Christenheit einen ordentlichen, abgesicherten, aber tragischen körperfeindlichen Weg zum Leben.

Der Anfang seines Weges war jedoch verheißungsvoll. Er liebte und suchte die Weisheit und Größe Gottes, aber in seinen »Bekenntnissen« taucht doch dann gleich ein düsterer Unterton auf: »Ist vor Dir doch keiner rein an Sünde, auch das Kind nicht, das nur einen Tag lang auf dieser Erde ist«, und er erinnert an einen kleinen Jungen, der seinen Milchbruder böse anstarrte, weil der ebenfalls die Brust bekam. Daraus folgert Augustin nicht, dass jedes Lebewesen mit Lust auf Nahrung auf die Welt kommt, sondern dass es schon in Bosheit empfangen und »im Mutterschoß in Sünden genährt« worden sei. Jeder Mensch ist also vom Beginn seines Entstehens im Mutterleib an von bösen Trieben geplagt, die ihm den Zugang zu Gott und Schönheit verbauen.

Der ehemalige Schönheitssucher ist nun als Christ der von den bösen Trieben geplagte Sünder, der mit seinen Sinnen niemals die Schönheit Gottes erfassen kann.

Er selbst nennt sich »eine Missgestalt«, und seine Sünde ist, dass er nicht in Gott, sondern in seinen Geschöpfen, in sich und bei den anderen das »Freuliche, das Erhabene, das Wahre« sucht.

Die endlich gefundene Liebe zu Gott sieht aber so aus, dass sie »nicht die Schönheit eines Körpers, nicht den Rhythmus der bewegten Zeit, nicht den Glanz des Lichtes … nicht der Blumen, Salben, Spezereien Wohlgeruch« meint. »Nichts von alledem liebe ich«, schreibt er,

»wenn ich liebe meinen Gott«. Es ist die Liebe der Seele, des inneren Menschen, eine Liebe jenseits der Sinnlichkeit, zu einem Gott, einer Schönheit, die *über* allem Geschaffenen steht. So sollen nicht »Schönheit und Wechsel der Formen, nicht Leuchtkraft und Anmut der Farben« ihn gefangen nehmen – auch wenn sie sein Auge erfreuen. Aber diese Dinge sollen nicht seine Seele haben, haben soll sie Gott, eine abstrakte Größe!

Der norwegische Schriftsteller Jostein Gaarder, der Augustin für heutige Menschen auslegt, fragt dann auch mit Recht Augustin: »In all deinen Büchern schreibst du unablässig über ›Sinnenlust‹ und ›sündhafte Lüste‹. Bist du je auf den Gedanken gekommen, dass du vielleicht derjenige bist, der Gottes Geschenken Verachtung entgegen bringt? Ich habe mir wohl überlegt, dass deine Verachtung der Sinnenwelt wohl eher von den Manichäern und Platonikern stammt als vom Nazarener selbst.«

Diese Sichtweise Augustins blieb aber nicht nur Schau eines Einzelgängers. Sie wurde zu einer Lebenssicht und Gotteslehre, die von nun an häufig allgemeine Gültigkeit bekam. Damit war die wahre Schönheit von der Sinnenhaftigkeit getrennt und allein in Gott verankert; Gott aber jenseits seiner Schöpfung angesiedelt, der Kosmos übersehen, der Körper nicht geachtet, der Mensch als Sünder qualifiziert. Dafür wurde die Seele als einzige Vermittlerin zu Gott wertvoll.

Mit dieser steilen und letztlich lieblosen Theologie stieß er alle, die noch etwas von der ursprünglichen Schönheit des Menschen und des Kosmos wissen wollten, aus der Gemeinschaft der Christen heraus. Damit verschloss er vielen Christinnen und Christen bis in die Gegenwart die Augen für Schöpfung, Ästhetik und Umwelt. Damit forcierte er bis heute die Sexualangst. Mir scheint, dass diese augustinischen Relikte noch nicht ganz aus den Kirchen verschwunden sind, und sie uns hindern, in und unter uns und um uns Schönes zu entdecken.

Einer, der damals anders dachte, dessen Ansichten aber schon damals und in den Bekenntnisschriften der lutherischen Kirchen bis heute verworfen werden, war der irische Mönch Pelagius. Schon in jungen Jahren nach Rom gekommen vertrat er eine irisch-keltische Naturfrömmigkeit, auf die wir heute auch immer wieder stoßen. Danach ist die Natur heilig (sanctitas naturalis), der Mensch hat seine Gottesebenbildlichkeit nicht durch den Sündenfall verloren, auch wenn deren ursprüngliche Schönheit durch die Sünde verdeckt wird. Wird bei Augustin die Gottesebenbildlichkeit durch die Sünde ausradiert, so meint Pelagius, dass Christus den Menschen wäscht, damit er umso schöner werde. Er lehrte mittels unserer Sinne und Erfahrungen die Schönheit in allem Geschaffenen, im Alltag, in der Wirklichkeit zu sehen und nicht einem leib- und kosmosfernen Gott nachzujagen – eine Botschaft, die heute wieder aktuell wird.

Natur und Kosmos strahlen etwas von der Nähe und Einwohnung Gottes aus – eine Sicht, der wir heute in den wiederentdeckten keltischen Segenssprüchen begegnen und in der keltischen Frömmigkeit: »Gott ist Schönheit.«

Während für Augustin der Mensch bei seiner Geburt »ein unwissender Fleischklumpen, ein Sklave der Sinnlichkeit und der Leidenschaften« (Elaine Pagels) ist, weiß ein »keltischer Segen über ein neugeborenes Kind« es mit den Lebenskräften der Natur umfangen: der Kraft des Windes, der Kraft des Mondes und der Sonne, der Güte des Meeres und der Güte der Erde und des Himmels.

Heute entdecken wir die lange verlorenen Spuren einer Schöpfungstheologie wieder, in der die Menschen von Anfang an nicht von der Sünde, sondern von Segen und Gottes Schönheit geprägt sind. Eine Schönheit, die es in unserer Welt, in unserer Wirklichkeit, unter uns und in uns gibt.

Doch wie sieht diese Wirklichkeit aus? Können wir dabei stehen bleiben, die Schönheit in der Schöpfung wieder zu entdecken?

Genügt es, in Menschen, Blumen, Gerüchen, Farben, Formen Schöpfungs-Schönheit wahrzunehmen?

Die Erfahrung von Sinnlosigkeit und Absurdität im vorigen Jahrhundert haben die klassischen Maßstäbe verwirrt. Das Chaotische, Schlimme, das Schreckliche haben traditionelle Schönheitsvorstellungen begraben, die stets etwas von Perfektion und Harmonie ausstrahlen sollten. Wir können schwer hinter diese Erfahrungen zurück.

Holocaust und ständig sich wiederholender Völkermord können nicht vergessen werden, wenn wir neu nach dem Schönen in unserer Gegenwart fragen.

Was in der Theologie Schöpfungstheologie heißt, möchte ich in die Realität des Lebens ziehen und sie »Wirklichkeits-Theologie« nennen. Sie sieht alle Aspekte des Lebens und in ihnen die Güte der Schöpfung unter allen verqueren, bösen, »sündigen« Überlagerungen. Es gibt Schönheit in dieser Welt.

In seiner Philosophie der Lebenskunst versucht Wilhelm Schmid den Begriff des Schönen für die Gegenwart neu zu definieren. Schön ist für ihn, was bejahenswert erscheint. Bejahenswert ist aber – im Unterschied zu den perfekten Schönheitsidealen – nicht nur das Angenehme, Lustvolle, Positive, sondern ebenso das Unangenehme, Schmerzliche, Hässliche, Negative, auch das Misslingen. Dem Einzelnen, der Einzelnen bleibt der Imperativ: Gestalte dein Leben so, dass es bejahenswert ist. Das Bejahenswerte kann sich aber vom Bestehenden abheben und im Anderssein eine erotisierende Wirkung erleben.

Schönheit ist also das, was Leben ist, und das ist nicht das Perfekte, sondern das Paradoxe des Daseins, das Menschen zur Gestaltung herausfordert.

So kann Schönheit auch ganz anders erlebt werden. Ich möchte vier Beispiele nennen:

1. »Guten Morgen, du Schöne« – so hieß der Titel eines Buches aus den 70er Jahren. Das klingt nach einem Morgengruß eines Liebenden an seine Geliebte. Doch es war der Gruß einer Frau an Frauen, die sich kaum als schön empfanden. Sie waren keineswegs Schöne nach unseren allgemeinen Schönheitsvorstellungen. Es waren Frauen, die oft wenig erfahren hatten, was sie schön gemacht hätte: Scheidungen, Krankheiten, Misstrauen, Enttäuschungen.

Aber die Schriftstellerin Maxie Wander fand sie schön, wie sie auf einem eigenen Weg sie selbst wurden. In Interviews hatte sie Frauen aus der damaligen DDR nach ihrem Leben und ihren Lebensvorstellungen befragt und dabei das »Einmalige und Unwiederholbare« eines jeden Frauenlebens festgehalten. Den Vers aus einem alten Zigeunerlied: »Guten Morgen, du Schöne« hatte sie zum Titel des Buches gemacht.

Schön ist also, was einmalig, unwiederholbar, originell ist.

Schönheit – ein Protest gegen Normen, Gewohnheiten und Ideale!

2. »Ich bin schön« – so hat die Künstlerin Louise Veronie van Schaick-Zillesen 1998 die Tonfigur einer unförmig dicken Frau genannt. Sie steht nackt mit dicken Beinen auf einer Waschtasche und schockiert. Doch sieht man näher hin, hat diese gewaltige Frau ein schmales, zartes, nachdenkliches Gesicht, ausdrucksvolle Augen, schön geschwungene Lippen und wohlgeformte Brüste, und das alles drückt aus: Ich bin schön! So wie ich bin!

Was ist Schönheit – müssen wir uns fragen. Das modisch schmale Angepasstsein an die Moderne oder der Aufstand gegen alles Genormte im Namen einer rebellischen Schönheit, die sich allem widersetzt, was sie einengt?

Ist Schönheit nur noch in Widersprüchen zu fassen? Ausdruck der Ambivalenz modernen Daseins, das sich von auslaufenden Kulturen löst und sich im Protest versteht?

3. »Black is beautiful« hieß der Slogan der afro-amerikanischen Bevölkerung in den USA in den 60er Jahren, der den Kampf der schwarzen Amerikaner für die Gleichberechtigung begleitete. Damit drehten sich bisher gewohnte Vorstellungen um, dass schwarz dunkel und unheimlich, weiß dagegen hell und schön sei. Die schwarze Bevölkerung entdeckte sich selbst, ihre Rechte, ihre eigene Kultur und ihre eigene dunkle Schönheit, und binnen weniger Jahre wuchs die allgemeine Erkenntnis, dass schwarz in der Tat reizvoll und schön sei.

Um solches Bewusstsein herzustellen, dass nicht die ranke Medienfrau oder der Muskelmensch, die griechische Venus oder der David von Michelangelo Muster von Schönheit sind, braucht es einen besonderen Blickwinkel, wie sie die an Lebensentwürfen interessierte Maxie Wander, die selbstbewusste Künstlerin Schaik-Zillesen, der rebellische Geist der Afro-Amerikaner hatten.

4. Vor einigen Jahren lief ein Film mit dem Titel: »Das Leben ist schön«; auch er kann helfen, »Schönheit« heute neu zu sehen.

Es ist die Geschichte eines Vaters, der mit seinem kleinen Sohn in ein KZ kommt, und der versucht, innerhalb all des KZ-Grauens seinem Kind eine andere Wirklichkeit vorzuspielen. Indem es ihm gelingt, den Zauber einer heilen Kinderwelt inmitten des Elends herzustellen, hat er etwas von der Schönheit des Lebens festgehalten. Das Leben *ist* schön.

Ist dieser Film nur ein Beispiel für die Absurdität des

Daseins, für den schließlichen Zusammenbruch aller Illusionen?

Ich möchte den Satz, »das Leben ist schön« umdrehen und – so meine ich, den Regisseur zu verstehen – sagen: »Schön ist, was Leben ist.« Das meint das Wunder, das der Vater vollbringt, um seinem Kind das Leben lebensvoll zu machen; das meint die Geborgenheit, die die Liebe des Vaters in allem Terror vermittelt. Das meint das Vergnügen, das der Vater immer wieder hervorzaubert. Das meint die Kräfte zum Leben, die immer wieder entfaltet werden.

Schönheit wird lebendig in Beziehungen.

Wer hier nur Illusionen sieht, merkt nicht, dass auch Illusionen Realitäten spiegeln, in denen Gestaltungskräfte wirksam sind, die Leben lebens- und liebenswert machen.

Was es braucht, um dahin zu kommen, ist eine Liebe, die hinter die scheinbaren Realitäten sieht und dahinter eine andere Wirklichkeit des Lebendigen erkennt.

Entdecken von Schönheit

Schönheit ist in der Schöpfung und das heißt, in allem Lebendigen präsent.

Aber sie verbirgt sich – in Entfremdungen, in Terror, unter Schmerzen, im Verachtetsein … Das darin zuweilen kaum spürbare Leben aber ist schön. So sah es Maxie Wander, als sie die Frauen aus der DDR interviewte und hinter ihrem rauen Leben ihre Schönheit erkannte. So sah es die Künstlerin, die die Skulptur der dicken Frau schuf, die sie und die sich schön fand. Doch wie bekommen wir den Blick dafür?

Wir sind gewohnt, mit analysierendem Blick in das, was wir Wirklichkeit nennen, zu schauen. Einem Röntgenblick entgeht nichts. Ein Stasiblick erfasst alles misstrauisch. Was so wahrgenommen wird, gilt häufig als Realität.

Was notwendig ist, ist jedoch der liebende – zaubernde – Blick, der nicht nur das Brüchige als das Wahre ansieht und nicht nur das Grau des Daseins als die Wirklichkeit erlebt.

Es gibt den schöpferischen, warmen Blick, der mehr sieht als das Abstoßende. Es gibt die »erotisierende Wirkung«, die Anderssein neu erlebt. In einer auf Grau gestimmten Kultur sollten wir diesen Blick üben und für das, was wir gesehen haben, eine neue Sprache und eigene Worte finden. Es kann mit der Selbstentdeckung einer eigenen Schönheit beginnen und dann die äußere Welt entdecken. Es kann aber auch der umgekehrte Weg sein, d. h. in dem Bejahenswerten der Welt dies eigene Schöne, das Bejahenswerte sich spiegeln sehen. Eine bis dahin verborgene Schönheit, eine Harmonie, eine allem zugrunde liegende Güte kann dabei heraustreten. »Sie ist eigentlich nicht schön, eher hässlich, aber wie sie die Dinge tut – das ist hübsch« – sagte eine der von Wander interviewten Frauen.

Christen und Christinnen sind dagegen aber eher geübt, die scheinbare Realität – und mit theologischen Begriffen – die Sündigkeit aller Verhältnisse zu sehen. Die Lust an der Schuld ist größer als die an der Güte. Sie sind beredt, über Leiden und Kreuze zu sprechen, sind aber aussageschwach, wenn es um Leben und Auferstehung geht. »Wir haben eine Menge über Leid zu sagen«, klagte neulich eine Pfarrerin, »doch wir verstummen, wenn es um Glück geht.« Und bei Schönheit verschlägt es vielen die Sprache.

Wir sind mehr geprägt von dem leidenden Gottesknecht, der keine Gestalt noch Schöne hatte, als von der lebendigen Gestalt des Auferstandenen. Wir meinen, mehr von seinem Tod als vom Leben, das aus seinem Tod kommt, zu wissen.

Dabei wird zugleich sichtbar, dass wir in unserer Kirchentradition wenig die unsere Wirklichkeit neu sehen lehrende Auferstehung im Blick haben. Wir sind kaum davon geprägt, die aus der Auferstehung in die Welt gekommenen Energien zu sehen und ihnen Ausdruck zu geben. Wenn wir aber die verwandelten Energien Gottes ernst nehmen, können wir auch Schönheit wieder neu wahrnehmen.

Es braucht den verzaubernden Blick, den wir Liebe, aber vielleicht noch treffender Eros nennen, diese verwandelnde Fähigkeit.

Etwas von solchem verändernden Blickwinkel sehe ich in der afro-amerikanischen Bewegung, in der »black is beautiful« wurde, in der eine verachtete rechtlose Bevölkerung souverän sie selbst wurde, ihre Kultur gestaltete. Ich sehe diesen anderen Blick auch in der Skulptur der standhaften Frau auf den beiden festen Beinen, die die fragilen Medienschönheiten Lügen straft und die von sich selbst sagt: Ich bin schön!

Und schließlich gibt es die Sicht Maxie Wanders, die die Frauen aus einer scheinbar gerechten, genormten Gesellschaft aus dem Schatten treten und ihr eigenes Leben erzählen lässt. Frauen, die anders sind, als eine korrekte Gesellschaft sie erwartet, und die Maxie Wander als »Schöne« begrüßt.

»Guten Morgen, du Schöne« wurde zu einem Weckruf für Frauen, den neuen eigenen Weg zu ihrer Schönheit, zu sich selbst zu wagen – »Ein Gute-Laune-Gruß an sich selbst!« (Sabine Zurmühl).

Es könnte aber auch ein Weckruf an alle werden, Schönheit neu zu sehen und ihr einen Platz in unserem Alltag zurückzugeben.

Wir sind herausgefordert zum Teilnehmen am Schöpferin-Sein Gottes. Es ist ein Gestalten, ein Entdecken, auch ein Gebären, ein Etwas-aus-dem-Nichts-ins-Sein-Rufen.

In solchem Prozess der Verwandlung bin ich schön und decke Schönes auf.

Schönheit ist dann mehr als nur ein Glanz von innen!

Schönheit ist in diesem Sinn nicht Selbstbetrug. Sie ist keine Illusion, die zusammenklappt, wenn der erste Rausch verflogen ist. Die Suche nach ihr basiert auf einer tiefen Lust zum Leben.

Einsamkeit

Um die Mitte des 19. Jahrhunderts schrieb eine junge Frau, Henriette Breymann, nach einer Reise, »wie sehr, sehr allein ich stehe mit meinen Ideen über Frauenerfahrung, über Religion und Leben, wie der Kampf entbrennen wird über die Kindergärtnerei, wie man mich verdammt.« Es war eine Zeit sozialer und politischer Reformen, und die junge Frau wollte eigentlich nichts weiter, als Frauen zu Selbstbewusstsein erziehen, Kindergärten eröffnen und Religion wieder mit Leben und Natur verbinden. Dazu lebte sie in einer warmherzigen, großen Familie, die sie unterstützte, und am Ende ihres Lebens gelang es ihr, eine bis heute existierende Institution für Erziehungsarbeit zu gründen: das Berliner Pestalozzi-Fröbel-Haus.

Was macht die Frau so »sehr, sehr« einsam, und wie bestand sie dieses »Alleinstehen«, über das sie lebenslang immer wieder unglücklich berichtete? Schonungslos und ohne Scheu hat sie über ihre Konflikte mit sich und anders Denkenden geschrieben. Machte sie sich vielleicht damit stark für ihren eigenen Weg?

Gegenwärtig scheint es mir nicht opportun zu sein, über Einsamkeit zu sprechen oder gar zu klagen. Ausnahmen bilden allerdings die Alten mit ihrer Alterseinsamkeit. Aber in der aktiven, leistenden Welt, in der man sich auch vieles an Gemeinsamkeiten leisten kann, liegt es wie ein Stigma über der Vorstellung »Einsamkeit«.

»Ich bin allein aber nicht einsam«, tönt es einem zuweilen trotzig entgegen, so, als wollte man die Einsamkeit wie ein Defizit, eine Wunde, eine Blessur nicht wahrhaben. Ist Einsamsein ein Makel, gegen den man und frau sich heute wehren muss?

Immerhin leben ein Großteil der Gesellschaft als Singles, vor allem in den Großstädten. Blenden auch sie die

Erfahrung von Einsamsein aus? Könnte Einsamsein bedeuten, dass ich vielleicht unsozial, ein Quertreiber, eine schwierige Persönlichkeit bin, mit der man es nicht gern zu tun hat?

Allein leben ist ein soziales Schicksal, wenn der Ehepartner, die Partnerin sterben, wenn es Scheidungen gibt, die Kinder aus dem Haus gehen. Einsamkeit dagegen klingt wie eine psychische Isolierung. Sie gehört nicht zu den höheren Werten der heutigen Gesellschaft.

Es gibt auch – wie Karen Horney sagte – die Angst vor dem Alleinsein, die bis zum »Entsetzen vor der Einsamkeit« reicht. Wer will sich diesem Schrecken bewusst aussetzen?

Im vorigen Jahrhundert sah man es noch anders: nicht euphorisch, aber doch mit gelassener Nüchternheit schrieb Hermann Hesse vor 100 Jahren:

> Seltsam im Nebel zu wandern,
> Leben ist einsam sein.
> Kein Mensch kennt den andern,
> jeder ist allein.

Und 50 Jahre später dichtete Gottfried Benn:

> Einsamer nie als im August:
> Erfüllungsstunde –, im Gelände
> die roten und die goldenen Brände,
> doch wo ist deiner Gärten Lust?

Hier ist Trauer zugelassen. Sie vertieft sich angesichts der Einsamkeit von Busch, Stein und Baum bei Hesse. Sie wird noch schmerzvoller erlebt in Benns Augustfarben der roten und goldenen Brände, im Weingeruch und Rausch der Dinge, der hellen Seen und des weichen Himmels. Aber dabei taucht auch eine Qualität des Einsamseins auf: ein Wissen um das, was alle Menschen trotz ihres Getrenntseins verbindet: Jeder ist allein. Oder bei Benn die Erfindung des »Gegenglücks« gegen soviel Fülle:

> Wo alles sich durch Glück beweist …
> dienst du dem Gegenglück, dem Geist.

Beide Dichter ragen mit solchen Gedanken kaum mehr in unsere Zeit hinein, die geprägt ist von Gruppendenken, Gruppendruck und Anpassung, von der Angst vor Liebesverlust und der Umschiffung von Isolation. In der Frauen gegen eine männliche Kultur der Isolierung die göttliche Macht der Beziehung wieder entdecken. In der eine frühe gemeinschaftsorientierte Sozialisation eine friedliebendere Gesellschaft verheißt.

Doch spricht dies alles gegen Einsamkeit?

Einsamkeitserfahrungen können auch Stärke erzeugen. Einsamkeit kann eine geheime Qualität entfalten. Ohne Einsamkeit kann es auch keine neue Gemeinschaft geben.

Doch fragen wir zunächst, wie sieht Einsamkeit heute aus, und wie entsteht sie?

Es gibt unterschiedliche Erfahrungen des Einsamseins. Manche Menschen gleiten – wie Henriette Breymann durch ihre, der Gegenwart neue, fremde Ideen – langsam hinein – wie in ein Meer, in dem sie zuweilen zu ertrinken meinen.

Andere überfällt Einsamkeit plötzlich wie ein Gewitterregen: »Ich passe zu den mir liebgewordenen Menschen nicht mehr.«

Wieder andere entschließen sich zu ungewöhnlichen Schritten, die sie aus dem »mainstream of life« herauskatapultieren.

Seltener ist es, dass Menschen sich in grundsätzliche Einsamkeiten begeben, sich einem Orden oder irgendeiner religiösen Gemeinschaft anschließen, die ein großes Maß an Einsamkeit fordern.

In den drei ersten Fällen ist die Erfahrung, nicht mehr dazuzugehören, keinesfalls lustvoll. Sie bringt Zweifel an sich selbst, Trauer und auch Schuldgefühle: Was habe *ich* verkehrt gemacht?

Sicher gibt es Versuche, schnell aus solcher Falle wieder zu entkommen, sich anzugleichen, anzupassen, den Schrecken der Einsamkeit vergessend. Vielleicht lohnte der Schritt, wenn er selbst inszeniert war, nicht? Vielleicht erdrückte die Angst, verlassen zu sein, allen Lebensmut?

Politische Einsamkeit

Dass auch kreativ mit solchen Erfahrungen umgegangen werden kann, zeigen Beispiele, z. B. aus dem politischen Leben. Hildegard Hamm-Brüchers Erfahrungen am Ende der sozial-liberalen Koalition, bei der sie mit einer kritischen Rede in Distanz zu der eigenen Partei ging, beschreiben solche Einsamkeit, die ihr später öffentlichen Respekt einbrachte, aber zunächst wie das vorläufige Ende ihrer politischen Karriere schien. Sie nennt ihre Haltung ein »Wagnis des Alleinstehens« und beschreibt es folgendermaßen: »War nicht alles, wofür ich eingestanden war, selbstverständlich und ganz und gar nicht besonders mutig? Bedurfte das Wagnis des Alleinstehens wirklich des Mutes? … Nicht aus gequältem Trotz wollte ich ›dennoch‹ sagen, sondern aus Treue zu mir selbst und meinen Überzeugungen … Das waren also die gemischten Gefühle, mit denen ich nach dem Regierungswechsel Anfang Oktober 1982 auf Dutzenden überstürzt gepackten Kisten in einem winzigen Zimmerchen saß …« Sie erinnert sich an einen englischen Liedvers, den sie von ihrer Großmutter gelernt hat:

Wag' zu sein wie Daniel.
Wage es allein zu stehn.
Wage es, ein Ziel zu haben,
wage es und lass es sehen.

Hilfreich waren ihr die politischen Traditionen des Widerstandes im Dritten Reich, Gewissensfreiheit und Zivilcourage und ihre eigene erprobte Widerständigkeit als Halbjüdin in ihrer Kindheit. Hier und nicht in der großen politischen Gruppe, in der sie Heimat gefunden hatte, lagen die Wurzeln ihrer Stärke. Sie hatte Glück, dass ihr Weg bekannt und auch bewundert wurde und sie so die Kaltstellung durch ihre Parteifreunde kompensieren konnte. Doch das war zunächst nicht abzusehen.

Eine andere Einsamkeit im politischen Raum hat Hannah Arendt demonstriert, die noch schlimmere Folgen als bei Hamm-Brücher nach sich zogen: Öffentliche Diffamierungen, Kaltstellungen, selbst Morddrohungen. Wie die FDP-Politikerin verlässt sie ihre Gruppe, der sie eigentlich angehören muss, indem sie die Funktion der Judenräte im Dritten Reich aufdeckt und dadurch anscheinend illoyal gegenüber dem jüdischen Selbstverständnis wird.

In der Eichmann-Kontroverse schreibt sie an Gershom Sholem: »Was Sie … verwirrt, ist, dass meine Argumente und meine Denkweisen nicht vorgesehen sind. Oder mit andern Worten, dass ich unabhängig bin. Und damit meine ich einerseits, dass ich keiner Organisation angehöre, und immer nur im eigenen Namen spreche, und andererseits, dass es darauf ankommt, selbst zu denken, und dass, was immer Sie gegen die Resultate einzuwenden haben, Sie selbige nicht verstehen werden, wenn Ihnen nicht klar ist, dass sie die meinigen sind und niemandes sonst.«

Hier ist es nicht eine gewachsene Treue zur Grundstruktur des politischen Lebens, wie bei Hamm-Brücher, sondern die Überzeugung von der Einmaligkeit und Einzigartigkeit der Persönlichkeit, die keinen Gruppenzwängen unterliegt und – fast lustvoll – Einsamkeit bestehen kann.

Doch es gibt Situationen, denen schwer mit persönlichen oder geistigen Gegenkräften beizukommen ist. Der Verlust eines Menschen, eines Arbeitsplatzes, der Gesundheit ist oft verbunden mit Isolierung und unverstandener Einsamkeit, weil die bis dahin nahen Menschen Scheu haben, sich dem Betroffenen zu nähern. Ein dumpfes Verlassensein, Sinnlosigkeit, der Verlust aller Sinne stürzen Menschen in ein Nichts. Was farbig war, ist jetzt grau, was offen war, versperrt, was bewegend war, versteinert. Hier taucht selten eine rettende Gegenkraft aus dem Dunkel heraus auf. Hier bleibt nur das Warten auf die Wiederkehr der Sinne und des Sinns.

Zum Einsam-werden-Können gehört, mit der eigenen Person und Geschichte neu zusammenzuwachsen, der äußeren Einsamkeit ein inneres Gemeinsames entgegenzusetzen. »Die Bühne in uns macht uns nicht einsam«, sagte eine Schauspielerin kürzlich. Und Henriette Breymann mit ihren Visionen und Enttäuschungen erkannte schließlich: Sich im Konzept des Ganzen zu erkennen hebt die Einsamkeit auf. Es waren Menschen, die ebenfalls Anderes und Neues wollten, mit denen sie in Austausch kam, und durch die die Fremdheit aufgehoben wurde.

Die Mönche, die in Zelle, Wüste oder Heimatlosigkeit ihre Einsamkeit mit Gott füllten, stehen uns heute fern. Aber es gibt den Kreis der geheimen Freunde unseres Lebens, die uns in vielleicht noch stummer Verbundenheit des Fühlens, Denkens, Handelns nahe sind. Es gibt die guten Mächte, die uns – ähnlich wie gute Freunde – umfangen, die Energien, die in uns aufwachen wollen, die Beziehungen, die auf uns warten, die Neugier, die uns das Leben wieder frisch erfahren lässt. Ich denke, solche in uns und außerhalb von uns existierenden Freundschaften meinte Dag Hammerskjöld, als er schrieb: »Freundschaft ist eine Einsamkeit, die frei ist von der Angst, allein zu sein.«

Sie ist die kaum sichtbare Stärke, die uns leben, gut leben und überleben lässt. Sie kann der Einsamkeit Angst und Scham nehmen und sensibel machen für die verschiedenen psychischen, physischen und sozialen Einsamkeiten, die uns umgeben.

Drachenkampf, Haushalt und Auferstehung

Zwei Ritter- und Rettergestalten haben Jahrhunderte lang unsere christlich-abendländische Kultur geprägt: der himmlische Drachenkämpfer Michael und der irdische Drachenheld Georg.

Nach Michael, der schon im Alten Testament im Buch Daniel und im Neuen Testament in der Apokalypse des Johannes vorkommt, hießen Kirchen, Klöster, Heiligtümer wie die Insel St. Michel in Frankreich oder das Kloster San Michele auf dem Monte Gargano in Italien.

Georg war ein christlicher Märtyrer und wurde das irdisch-menschliche Gegenbild des Erzengel Michaels. Verbreitet wurde sein Bild nicht nur im kirchlichen, auch im weltlichen Bereich. Er wurde Schutzpatron von Ländern (Georgien), Städten wie Moskau und Stockholm, von Kirchen, Klöstern und Bruderschaften, vor allem der Kreuzritter.

Betrachten wir die unzähligen Drachensieger-Darstellungen, so fällt auf, dass die Sieger sowohl souverän, siegesgewiss und heiter gucken, aber auch verbissen, aggressiv und böse. Ihrem Gegner, dem Drachen, geht es dagegen eindeutig schlecht, so furchterregend er auch erscheint. Sein Schicksal ist Niederlage und Tod.

Nun ist dieser Drachensieg – so sehr er in die abendländische Kultur und zum geistigen und politischen Selbstverständnis der Abendländer gehört – aus verschiedenen Seiten in die Kritik geraten.

Einmal, weil durch Kenntnis östlicher Kulturen und Religionen der Drache nicht nur als furchterregender Gegner, sondern auch als Symbol von Fruchtbarkeit, Würde und Wachstum gesehen werden muss, z. B. in China. Die Frage entsteht, könnte der Drachensieg nicht auch als Symbol der ökologischen Krise, als der Sieg über die Natur und damit deren Zerstörung verstanden werden?

Aus der Religionspsychologie setzt sich die Sicht durch, dass der Drachensieg Bild der patriarchalen Welt ist, die sich – wie Erich Neumann schreibt – darin gefällt, »dem Drachen der Tiefe den Fuß auf den Kopf zu setzen«, d. h. ihn zu besiegen. Eine Welt, in der das Unbewusste, das Gefühl, die Emotionen in den Untergrund des eigenen Ichs verbannt werden und die Werte wie Wille und Verstand dominieren.

In diesem Argument finden sich auch Frauen wieder, die in dem Drachen verdrängte weibliche Werte und Kulturen, die »Drachin« wiederentdecken. Eine weibliche Urmutter, die am Anfang vieler Schöpfungsmythen steht.

Ferner gibt es die sozialpsychologischen Argumente, die Horst-Eberhard Richter in seinem Buch »Der Gotteskomplex« zusammengefasst hat. »Als mutig gilt«, schreibt er, »wer äußere Gegner herausfordert, auf den Drachen losgeht und mit überlegenen äußeren Naturkräften, mit Kälte, Sturm, Wellen, Felswänden kämpft.« Dagegen setzt er den Mut, »auch zurückgehen zu können, sich als unvollkommen zu akzeptieren, sich mit der eigenen Schwäche aussöhnen zu können, anstatt sie als ›inneren Schweinehund‹ zu bekämpfen.« Für ihn gibt es einen neuen Umgang mit Schwäche, Zerbrechlichkeit, Endlichkeit, Leiden. Das ist nicht der Traum, dass die Menschheit endlich in Frieden und Freiheit leben könnte, »wenn Siegfried oder Georg den bösen Drachen töten.« Ihm geht es um das Annehmen, Reflektieren und Ertragen von Widersprüchen – in sich selbst, in der Gesellschaft und unter den Nationen.

Kriege und gewaltsame Konfliktlösungen schaffen auf Dauer keinen Frieden. Gegenwärtig werden Bush und Berlusconi zuweilen mit den heiligen Drachensiegern verglichen.

Doch wie werden wir heute unseren abendländischen Drachensiegern gerecht, die wir nicht aus unserer Geschichte aussperren können?

Mir scheint es wichtig, in ihre Ursprünge zurückzugehen, denn dabei stellt man fest, dass ihre Geschichte keineswegs nur um einen Drachensieg, also um eine herausragende Militanz kreist, die uns heute fragwürdig erscheint.

Michael ist eigentlich Schützer und Fürsprecher des Gottesvolkes im Alten Testament, der dann später zum christlichen Hüter des Reiches und der göttlichen Ordnung in der Völkerwelt wurde. Er galt auch als Arzt, Heiler des Geistes, Geleiter der Seelen im Tod und ihr Wäger im Gericht. Viele Eigenschaften, die ihn als Repräsentanten Christi sehen ließen. Der Kinderzug von St. Michel machte ihn auch als Schutzpatron berühmt. Kaiser Konstantin und Karl der Große verstanden sich beide unter dem Patronat Michaels. 813 wurde sein Namenstag zum Feiertag erklärt.

Während er das erste christliche Jahrtausend prägte, geriet Georg erst im zweiten Jahrtausend zum berühmten Helden. Eigentlich ein Soldat im Offiziersrang, der 303 als christlicher Märtyrer unter Kaiser Diokletian starb, wurde er durch Wunder, die während seines Martyriums sich ereigneten, berühmt, z. B. durch die Bekehrung der Frau seines Richters und Henkers, die er in ihrem Sterben begleitete.

Solche zivilen und eindrücklichen Verhaltensweisen gerieten nun im Prozess der Politisierung und Imperialisierung des Christentums in den Hintergrund, und an die Stelle wurde heldische Militanz gesetzt. Dazu verleiteten im Mittelmeerraum die vielen Drachentötersagen, die ein christliches Gegenbild suchten: Apoll besiegt den Erddrachen Python, Perseus die Medusa.

Der Sieg des Guten über das Böse brauchte ein Bild, aber das verführte dann auch dazu, dass das Christentum mit seinen Drachensiegen zum absoluten Herrscher über das Heidentum mutierte. So wurde der Drachensieg im Christentum politisiert, und der biblische Held Michael und der christliche Georg gerieten in die Rolle einer gefährlichen christlichen Militanz. Der Drache – das waren nun Heiden, Muslime. Das konnten auch Hexen und Minderheiten sein, die sich nicht unterwarfen. Heiligenlegenden wurden missbraucht und zu Symbolen eines christlichen Imperialismus gemacht.

Schon im Kampf gegen die Araber bei Tours und Poitiers war die Michaels-Fahne den Truppen Karl Martells vorangetragen worden. Bei Liegnitz im 12. Jahrhundert wurden unter diesem Symbol die Mongolen bekämpft. Georg wurde zum Schutzpatron der Kreuzritter, und sein Bild verbreitete sich in ganz Europa von Russland bis England. Der berittene Krieger dominierte bald über den himmlischen Engel.

Drachensiege decken schließlich ein menschliches Urbedürfnis ab: den bildhaften Sieg des Guten über das Böse zu sehen, ein psychologisches und ein politisches Modell. Zugleich konnte es vereinfacht den Sieg des Geistes über das Kreatürliche, das Gefühl und das Unbewusste darstellen und ein Einfallstor für jeden Dualismus bieten. Eine Geist-Leben-Spaltung, wie sie schon in der Antike das philosophische Denken dominierte, machte sich in der Christenheit breit, die in ihren Ursprüngen von solcher Spaltung nichts wusste. Das Drachensieg-Symbol – losgelöst von seiner Geschichte – blieb stets in Gefahr, dualistisch verstanden zu werden: hier die Guten und da die Bösen, die von den Guten besiegt werden müssen. Oder psychologisch gesehen: hier Geist und Wille, dort Leib und Leben, das von Geist und Wille dominiert werden muss.

Erst im mittelalterlichen Frankreich entstand aus einer

Mischung von biblischen, matriarchalen und lokalen Traditionen ein alternatives Bild: Martha die Drachenzähmerin. Auf bloßen Füßen nur mit Kreuz oder Weihwasser und mit ihrem Gürtel versehen, bändigt sie die Urmacht, den Drachen. Ein Bild, das lange vergessen war und erst jetzt, angesichts einer kritischen Drachensieg-Mentalität, an Bedeutung gewinnt.

Doch wie entstand es und welche Linien führen von der meist als Küchenfrau bekannten Martha zu dieser Drachensiegerin?

Wie geriet eine unscheinbare biblische Frauengestalt in die Ränge der Welterobernden und das Böse scheinbar besiegenden Drachenkämpfer?

Oder: steckt hinter dieser Frauengestalt und -geschichte nicht eine ganz andere Weltsicht?

Ich möchte im Folgenden ihrer Gestalt, ihrer Geschichte und deren Hintergründen nachgehen.

Der Martha-Schatten

Ein Bild geht durch unsere Kultur-, Kunst- und Religionsgeschichte, das unser Selbstverständnis geprägt hat:

Martha, die biblische Martha, steht mit verdrießlichem Gesicht, einen Kochlöffel in der Hand, an der Küchentür, und Maria, ihre Schwester, sitzt zu Jesu Füßen, lauschend und hingebungsvoll.

Ein helles Licht fällt auf sie, und Jesus ermahnt die Verdrießliche: »Martha, Martha, du machst dir viele Mühe. Eins aber ist not. Maria hat das gute Teil erwählt, und das soll nicht von ihr genommen werden.«

Was für eine Abfuhr für eine Frau!

Was für eine Missachtung von Küchen- und Hausarbeit!

So haben es Generationen verstanden, und ein Schleier von Nichtwürdigkeit und doch Notwendigkeit legte sich über die traditionelle Tätigkeit von Frauen!

Martha gerüffelt – Maria gelobt – die Küchenarbeit diskriminiert – Zuhören und Gehorchen gelobt: so wurde eine kleine biblische Szene immer wieder missverstanden. Dieses Missverständnis hatte auch weitreichende theologische Folgen: vita contemplativa war wichtiger als die vita activa. Das Geistig-Geistliche stand höher als das Praktische. Geist regiert den Leib. Martha steht für alles, was den Leib ausmacht: das Essen, den Körper, die Erhaltung des Lebens, die Gesundheit.

Doch sehen wir uns die Geschichte näher an, dann wird schnell deutlich: nicht die Arbeit der Martha und ihre Person sind das Thema des Konflikts. Was Jesus ärgert, ist, dass Martha, die Tatkräftige, Tüchtige, die Andere, die vielleicht schwächer, zumindest anders gebaut ist, als sie, nicht gelten lässt. Dass sie sie von der hohen Warte ihrer eigenen Tüchtigkeit und Nützlichkeit her kritisiert und dazu noch Jesus einspannen will, um ihr Recht zu geben. Nicht die Küchenarbeit, sondern der alte Konflikt, der Anderen nicht ihr Anderssein zu gönnen, ist das Thema der kleinen Geschichte.

Denn Jesus ist gar nicht gegen Küche und Küchenarbeit, auch wenn wir nicht wissen, ob er selbst darin tätig war. Doch seine Mahlzeiten, zu denen er wie die alttestamentliche Weisheit die Menschen einlud (Spr. 9 u. ö.), waren eher kulinarisch als dürftig zu nennen. Sie dienten nicht allein der Sättigung, sondern auch dem Genuss. Sie wollten auch nicht nur Freunde und Bekannte zusammenbringen, sondern auch Verachtete und Entrechtete. Sie wollten Freundschaft stiften unter dem Vorzeichen von fröhlichem und gutem Essen. Von seinen Gegnern wurde Jesus auch nachgesagt, er sei ein Fresser und Weinsäufer!

Doch dieser Aspekt kommt in dieser Geschichte zu kurz. Sie will zeigen, dass im Haus der beiden Schwestern in Bethanien Maria das getan hat, was ihr entsprach: Hören, Lernen, Neues erfahren. Das war ihr wichtig. Das war ihr gutes Teil, das sie erwählt hatte, und das verteidigt Jesus.

Aber es liegt ein Schatten auf der Geschichte, und der fällt auf Martha. In ihr bündelt sich die Traurigkeit vieler Frauen, die sich rappeln und sorgen und deren Hausfrauenarbeit nie entlohnt wird, nicht Anerkennung findet und denen nie gesagt wird, dass sie »das gute Teil« erwählt haben. Es ist Schattenarbeit, und hier wird sie scheint's noch von einer religiösen Autorität her herabgewürdigt.

Doch die Geschichte der Martha ist mit dieser kleinen Szene noch nicht am Ende. Sie fängt gerade erst an. Sie geht in der Bibel weiter, und sie geht auch in der frühen Christenheit weiter. Und da zeigt es sich, dass viele Menschen, Frauen und Männer, eine eigenwillige Liebe zu dieser Martha entwickelt haben. Die Missverständnisse, die um Martha entstanden waren und bis heute bestehen, wurden einfach umgedreht.

Die Wirtin der Legenden

In den Legenden, die die biblische Geschichte volksnah weitererzählten, wurde Martha zur Wirtin, also zur Gastgeberin, Besitzerin und Hausherrin. Da ist nichts mehr von Verdrießlichkeit, Trauer und Demütigung.

Sie ist die, die Jesus in ihr Haus einlädt. Es wird blumig erzählt, dass sie aus reichem Haus stammt, Bethanien geerbt hat und auch noch die Güter ihrer Geschwister, der – als leichtlebig geltenden – Maria und des in Kriegsdiensten stehenden Bruders Lazarus verwaltet. Mit Weisheit und Fürsorge habe sie regiert und besonders für Arme, Knechte und Krieger sich eingesetzt.

Sie ist also die Heldin dieser Erzählungen, stark und geschickt, während ihre Schwester schwächer, unvollkommener erscheint und sich an dem Vorbild der

Schwester orientieren möchte. Die Geschichte aus dem Lukas-Evangelium wird also völlig anders ausgelegt. Ja eigentlich umgedreht. Ins Zentrum rückt Martha – ein Ideal sozialer, ökonomischer und karitativer Vorstellungen. Bei ihr kehrt Jesus ein – natürlich Gast, abhängig von der Herrin und selbstverständlich kritiklos. Aus dem Kritiker wird der Gast.

Ein kleines Bild aus dem Martha-Zyklus in Nürnberg zeigt diese Veränderung: Martha mit Haube als Hausherrin, größer als der Gast Jesus, lädt den Wanderer in ihr Haus ein. Martha ist aus dem Schatten herausgetreten und macht als Hausherrin Schule.

Ich könnte dies Bild auch so deuten: Gott/Jesus braucht Haushalt, Wirtschaft und Hausfrauen, um auf der Erde einen Platz zu finden. Nicht so sehr die Kirche, sondern der gut geführte Haushalt ist der Ort, wo Gott zu Hause sein will. Und Menschen, Frauen bereiten diesen Ort. Martha ist zu Recht und Ansehen gekommen.

Gastfreundschaft und Gottesfreundschaft

Diese Wirtin Martha hat im Mittelalter den Mystiker Meister Eckehart begeistert. Bei ihm wird Martha zum Bild des gereiften Alters, des erworbenen Selbstbewusstseins und der Besonnenheit. Diese würdevolle Frau nimmt Jesus in ihr Haus auf. Kaum ein gutes Haar lässt Meister Eckehart dagegen an der Schwester. Sie, »die liebe Maria (habe) irgendwie mehr um des wohligen Gefühls als des geistigen Gewinns willen dagesessen«. Martha ist ganz die große Schwester, die fürchtet, dass Maria »im Wohlgefühl und in der Süße stecken bliebe.« Jesus, der Gast, steht hier auf ihrer Seite und vermittelt zwischen den Schwestern: Maria sei auf dem Wege, Martha zu werden.

Aber die Kehrtwende ist deutlich: hier hat Martha das gute Teil erwählt! Vergleicht man mit dieser Auslegung die traditionelle kirchliche Bevorzugung der vita contemplativa vor der vita activa, dann wird sichtbar, was für eine Revolution hier stattgefunden hat. Meister Eckehart sieht das selbst, wenn er schreibt: »Dies ist wider alle Meister, die jetzt leben.« Eine oft verkannte Frauengestalt rückt ins Zentrum, und die Werte verändern sich: Handeln, Praxis, Frauenmacht werden neu gesehen.

Meister Eckehart ging es dabei vermutlich um zweierlei: Er wollte die starken machtvollen Persönlichkeiten der Frauenklöster ermutigen. Ihren Klöstern im oberen Rheintal stand er nahe und sah sie als Pflanzstädte mystischen Geistes und Lebens an. Hier wurden seine Predigten mitgeschrieben, und hier hatte er vermutlich auch »Marthas« kennen gelernt, die seine Auslegungen beeinflussten.

Zugleich aber wollte er seine Gedanken von Gottesfreundschaft und Gottesmystik anhand einer biblischen Erzählung deutlich und dringlich machen. Gedanken, die ebenso revolutionär waren wie die Bevorzugung der Martha: Freundschaft mit Gott – ein Aufstand gegen die Hierarchie: Gott oben und der Mensch unten. Gastfreundschaft als Praxis der Gottesfreundschaft.

Eckeharts Lehren wurden später als glaubensgefährlich verurteilt. Dazu kann man auch das Marthalob und die Gottesfreundschaft zählen. Doch bevor er selbst verurteilt wurde, starb er.

Vielleicht ist sein ungewöhnliches Martha-Bild auch noch in der Bild-Tradition erhalten. Im Dominikanerkloster San Marco in Florenz findet man die Gethsemane-Szene von Fra Angelico gemalt: Jesus in Gebet in Angst und Gottverlassenheit: die Jünger schlafen, aber vorn im Bild sitzen die Schwestern Maria und Martha. Maria lesend, aber Martha in der gleichen betenden Haltung wie Jesus. Die biblische Tradition weiß nichts von der Präsenz der Schwestern in Gethsemane. Mir scheint, dass hier der Gedanke der Gottesfreundschaft einen eigenen Ausdruck gefunden hat, eine Freundschaft, die der verlassene Jesus, der einsame Gott braucht, ein Gedanke, der die männliche Jüngererfahrung durchkreuzt.

Auch das Bild von der starken Martha ist in einem ungewöhnlichen Bild festgehalten: auf dem Tiefenbronner Altar hält Martha einen schlafenden Bischof fest auf ihren Knien.

Das Bild der Wirtin Martha verblasste in der Neuzeit, ebenso wie die Erinnerung an mittelalterliche Martha-Klöster, an die in italienischen und deutschen Städten nur noch einzelne Straßenschilder erinnern. Auch sie pflegten eine scheinbar häretische Tradition, indem sie statt der lateinischen Sprache die Volkssprache bevorzugten.

Vieles weist also darauf hin, dass Martha einen festen Platz in der rebellischen christlichen Gegenkultur hatte und ein Modell für Anderssein abgab. Eine Tradition, die die auch rebellische Reformation leider nicht weiterführte.

Auferstanden in diese Welt

Doch die Bibel selbst erzählt noch eine andere Martha-Geschichte, die immer wieder vergessen worden ist. Sie steht im Johannesevangelium Kap. 11 und berichtet, wie der Bruder Lazarus krank war, schließlich starb. Wie Jesus von der immer aktiven Martha zu Hilfe gerufen wurde, aber zu spät eintraf und wie Martha mit Jesus einen Dialog führte, der zu den interessanten Frauen-Jesus-Dialogen des Johannes-Evangeliums gehört. Während Maria weint und untätig ist, ist Martha die Tatkräftige, Nüchterne. Ihr Bruder ist tot – daran besteht für sie kein Zweifel. »Er stinkt schon«, sagt sie, und im Mittelalter malte man sie oft mit gerümpfter Nase. Aber dann sagt sie einen Satz, der gegen alle Hoffnungslosigkeit ist und der sie eigentlich in der Christenheit unvergesslich hätte machen müssen: »Du bist Christus, der Sohn Gottes, der in die Welt gekommen ist.« (Joh. 11,27)

Normalerweise kennen wir das Christus-Bekenntnis des Petrus: »Du bist Christus, der Sohn des lebendigen Gottes.« Aber bei Martha gibt es einen Zusatz, der sie, ihr Leben, ihre Tätigkeit auszeichnet: »der in die Welt gekommen ist«. In diese Welt, in diese Wirklichkeit, in diesen Alltag ist Christus für sie gekommen. Schon hier ist Auferstehung. Das macht ihn für sie lebendig und glaubwürdig. Daran kann sie selbst ihr Leben ausrichten. Dieser Jesus ist für sie nicht ein geistiger Erlöser und Heilbringer, sondern ein Mensch, der in diese Welt mit ihren Leiden, Freuden, Schmerzen eingeht. Es ist das einzigartige Bekenntnis einer eigenständigen Frau, für die das neue Leben schon hier Wirklichkeit wird.

Vermutlich hat es in der frühen Kirche Gemeinden gegeben, die dieses Glaubens- und Lebensbekenntnis zu dem ihren gemacht haben. Gemeinden, die vielleicht geleitet und geprägt waren von Frauen, die eigene Glaubensaussagen machen wollten, und denen das Petrusbekenntnis zu allgemein war.

Zu Martha, der Wirtin und der reifen, souveränen Frau tritt nun noch das Bild der Realistischen, die sich keinen Illusionen hingibt und die gerade darum Hoffnung in dieser Welt hat, weil Gott in diese Welt, in diese Realität einging. Auferstehung schon hier, in der Wirklichkeit unseres Lebens!

Gerade aber von dieser Geschichte gingen noch weitere Fantasien um die Gestalt der Martha aus.

Die Drachenzähmerin

Auf Grund dieser Auferstehungsgeschichte traute man ihr im Mittelalter noch andere Fähigkeiten zu: Martha ging ein in die christliche Ikonografie als die Drachenzähmerin, ein Bild, das jedoch über Jahrhunderte vergessen war. Wenn wir uns daran erinnern, dass in der kirchlichen Kultur der Neuzeit gerade mal die Dienstbotenhäuser der Diakonissenanstalten nach Martha benannt waren, so wird ihr Bedeutungsverlust erschreckend deutlich. Doch das Mittelalter verehrte sie – parallel und auch im Unterschied zu ihren militanten Kollegen Michael und Georg – als Drachensiegerin. Eine Frau, zuständig für Haus- und Küchenarbeit, stieg auf in die Ränge abendländischer Retter und Ritter!

Wie entstand diese Geschichte?

Sie geht zurück auf die französischen Legenden, nach denen Martha mit ihren Geschwistern aus Palästina vertrieben in einem Boot nach gefährlicher Reise in Marseille landete und von dort aus zur Missionsheiligen wurde. Überall in Frankreich begegnen Statuen, Bilder, Namen der drei Geschwister, wobei Martha mit ihrem Drachensieg die originellste Ikonografie hervorgebracht hat.

Ihre Geschichte verdichtete sich in dem französischen Städtchen Tarascon an der Rhone, wo ein Drache, eine weibliche Drächin, die Tarasque, seit Urzeiten auf der Lauer lag, Menschenopfer forderte und Menschen fraß. Im Museum von Avignon ist ihre erschreckende Figur zu sehen, wie sie mit ihren Pranken auf Menschenköpfe sich stützt und aus ihrem Maul noch der Arm eines Opfers heraushängt.

Aber zugleich erinnert diese Drächin auch an die weibliche Urkraft, die Tiamat – die T'hom der Bibel –, die nicht nur Schrecken, sondern auch Fruchtbarkeit symbolisiert. In ihr sind Leben und Tod verbunden. Dieser Aspekt wird später in der Martha-Geschichte sichtbar.

Die Vorgeschichte aller Drachensieg-Legenden ist zunächst überall die gleiche: eine Stadt, eine Region wird von einem Drachen bedroht, der ständig Opfer fordert und die Bevölkerung in Angst und Schrecken versetzt, und die sucht einen Helden, der das Ungeheuer besiegt. In Tarascon wird nun aus dem Helden eine Heldin: Martha.

Auffallend ist, wie dieser Drachensieg vonstatten geht. Während z. B. Georg auf einem Ross reitend, gestiefelt und gespornt, dem Drachen seine Lanze in den Rachen stößt und ihn schließlich mit dem Schwert tötet, kommt Martha im wallenden Kleid, auf bloßen Füßen und zähmt die Drächin – zuweilen mit Kreuz und Weihwasser. Dann bindet sie sie mit ihrem Gürtel.

Wer darin nur die Mittel einer frommen Katholikin sieht, sei daran erinnert, dass hinter dem Kreuz auch das gleichschenkelige Symbol der Ganzheit steckt, ein uraltes Lebenszeichen. Der Gürtel ist auch nicht einfach als Keuschheitsgürtel zu verstehen, sondern als Zeichen der ganzen Persönlichkeit und ihrer Integrität. Das Weihwasser ist parallel zum Opium zu sehen, mit dem in alten Sagen die Göttin den Drachen bändigt. Martha handelt in Souveränität und auch im Stil einer vorchristlichen Priesterin.

Während der Ritterkampf vom hohen Ross aus und durch militante Instrumente geschieht, lassen die unzähligen Martha-Bilder sie ungeschützt fast hautnah mit dem Drachen in Verbindung sehen. Und der ist keineswegs zahm, sondern mit allen fürchterlichen Waffen versehen: Klauen, Zähne, wie Schwerter und spitz wie Hörner; er ist dicker als ein Rind und länger als ein Pferd. Zuweilen ähnelt er auch einer Schlange oder ist klein wie ein Hündchen.

Auffallend ist auf manchen Bildern eine gewisse Sympathie mit der Drächin, ihrem traurigen Blick, ihrer Unterlegenheit, als sie gefesselt wie ein zahmes Lamm dasteht. Vielleicht blitzt hier die Erinnerung an eine weibliche Urgestalt auf, die zwar Gewalt, aber auch Leben und Fruchtbarkeit verkörpert. Sie ist hier nun von einer Frau in ihre Schranken verwiesen, und die hat weiteren Mord und Tod verhindert.

Diese Drachenzähmerin-Geschichte hat m. W. keine direkten religionsgeschichtlichen Parallelen. Zwar wird auch von der Heiligen Margarete ein Drachensieg berichtet, aber der scheint eher dem männlichen Modell nachempfunden zu sein. Von Martha gibt es keine Gewalt-Bilder.

Außer in Südfrankreich ist die Drachenzähmerin noch in vielfacher Position in und um Lugano präsent: Mit Weihwasser und -wedel in der Martha-Kirche in Carona, wo sie Glieder der Erzbruderschaft »vom guten Tod und Gebet« weiht, die für Pestkranke und zum Tode Verurteilte sich einsetzten und sie zu ihrer Heiligen erklärt hatten. In Madonna d'Ongero, wo sie, einer griechischen Göttin ähnlich, einen Drachen bändigt. In Vico Morcote dem zum Himmel auffahrenden Jesus nachschauend. Im Museum auf dem San Salvatore auf einem Ölbild als drachenzähmende Santa Giobia. In Bellinzona und im italienischen Porlezza sind Kirchen mit ihrer Geschichte ausgemalt. Warum sie rund um den Monte Arbostora so präsent ist, lässt sich nicht feststellen. Vielleicht verhalf die segensreiche Tätigkeit der Erzbruderschaft der sonst eher unbekannten Heiligen zu solcher Verbreitung.

Die Isispriesterin Martha

Für die Martha-Drachengeschichte scheint es zwei Wurzeln zu geben: einmal die johanneische Marthageschichte, in der sie Jesus drängt, ihren Bruder Lazarus wieder lebendig zu machen und selbst Mittäterin und Zeugin der Auferstehung wird.

Zweitens eine alte keltisch-ligurische Tradition, nach der es eine Prophetin und Seherin Martha gegeben hatte, die – dem Schriftsteller Plutarch nach – den römischen Feldherrn Marius bei seinem Kampf gegen die eindringenden Teutonen beraten habe. Sie sei Priesterin der Allmutter Isis gewesen, die verschiedenste Funktionen gehabt habe: Erdmutter, Meergöttin, Frauengöttin, Herrin des Schicksals und auch der Unterwelt. Auch war sie Bringerin des Rechts und der menschlichen Ordnung. Ihr Kult blühte im römischen Reich.

Von dieser Isis-Priesterin wird nun ebenfalls erzählt, dass sie das Land von einem Drachen befreit habe. Begleitet von einem großen singenden Vogelschwarm habe sie das Ungeheuer mit magischen Zeichen beschworen, ans Ufer zu kommen, um es dann eigenhändig mit einem mondsichelförmigen Messer zu enthaupten.

Diese Vorgeschichte zeigt einen typischen Prozess, dass christliche Heilige mit ihren Vorschwestern oder -brüdern verbunden wurden und auf diese Weise eine überzeugende nationale und lokale christliche Tradition entstand. An die Stelle des magischen Zeichens trat das christliche Kreuz. Die Nähe zu Tod, Unterwelt und Auferstehung bzw. neuem Leben lässt sich leicht mit der biblischen Martha verbinden. Die Namen mögen ähnlich geklungen haben. Und so entstand eine neue Heiligengeschichte. Die Isis-Priesterin und Martha weisen auf ein matriarchales Erbe zurück: die Bannung der Urgewalt mit andern Mitteln.

Allerdings gab es Eigentümlichkeiten, die nicht zu übersehen sind, auch wenn das Grundmuster das gleiche ist: eine Stadt wird von einem Ungeheuer bedroht, und eine Frau besiegt es mit ihren eigenen Mitteln, nicht nach Art eines männlichen Helden. In der vorchristlichen Vorlage endet der Drachensieg aber dann doch mit Gewalt und Tod: das Tier wird friedlich, wenn auch trickreich gefangen, aber schließlich enthauptet. Martha dagegen übt keine Gewalt aus und bändigt das Tier mit ihrem Gürtel, dem Zeichen ihrer persönlichen Integrität. In der traditionellen Martha-Legende wird dann zwar noch angefügt, dass das Volk schließlich den Drachen getötet habe, aber eine andere Version, die mir glaubwürdiger und älter vorkommt, erzählt, dass sich die Drächin, an Marthas Gürtel geführt, zur Rhone zurückbegab, aus deren Wellen sie aufzutauchen pflegte, sich ins Wasser stürzte und ins Meer hinabschwamm, »wo die Ungeheuer nach himmlischem Ratschluss zu leben haben.«

Von Martha geht also keinerlei Gewalt aus. Das weibliche Urtier, Bild der Urgewalt der Natur, wird von einer Frau wieder dahin geführt, wo es herkommt und wo es hingehört.

Diese Martha-Legende bricht also konsequent mit einer patriarchalen Tradition, die, nach Erich Neumann, darauf fußt, »dieses titanische Element … in den mütterlichen Ursprungsschoss der Unterwelt zurückzuverbannen. Deswegen sieht die patriarchale Welt ihren Stolz darin, wie sie dem besiegten Drachen der Tiefe den Fuß aufs Haupt setzt.«

Männer wie Georg und Michael, auch der germanische Siegfried, spiegeln diese patriarchale Kultur wider. In der Isis-Priesterin-Geschichte sind bereits Zugeständnisse an die patriarchale Vernichtungstradition gemacht: Die Drächin wird umgebracht – sogar von der Frau.

In der Martha-Legende ist dagegen eine echte Alternative aufgezeigt. Eine Frau symbolisiert jetzt den Sieg über die Urgewalt der Natur. Aber in ihr deutet sich ein neuer Umgang mit der Natur an: nicht ihre Vernichtung, sondern ihre Wandlung. Die Drächin kann dahin zurückkehren, wo sie herkam. Die Angst der Menschen ist vorbei. Eine angstfreie Ordnung ist wieder hergestellt. Für Martha ist die Welt nicht aufgeteilt in gut und böse. Sie will nicht, was ihr Angst macht, vernichten. Für sie gilt es, die Welt neu zu sehen und zu ordnen und mit der Urgewalt achtsam umzugehen.

Der militante Drachensieg schafft momentan eine Befreiung der Menschen, aber verhilft zu keiner neuen

Weltsicht, in der die Natur zu ihrem Recht kommt. Ehrfurcht vor der Schöpfung und den numinösen Kräften in ihr prägt die Martha-Geschichte. In der Drächin schimmert noch etwas von der Urgewalt des Weiblichen durch, das nach patriarchaler Sicht unterworfen werden muss, aber hier befreit und erlöst wird.

Mittäterin an Gottes Ordnung

Marthas Drachenzähmung rührt an eine ziemlich unbekannt gebliebene biblische Tradition, nach der Leviathan, aus dem der Drache geboren wurde, nicht die Verkörperung des Bösen, sondern ein Geschöpf Gottes ist.

In Psalm 104,25-26 heißt es:

> Da ist das Meer, so groß und so weit,
> darin wimmelt es ohne Zahl,
> das kleine Getier und das große,
> Seeungeheuer schwimmen darin,
> Leviathan, den du erschufst dir zum Spielzeug.

Leviathan ist hier ganz in den Kosmos eingeordnet und stimmt mit allen Bewohnern des Meeres in das Lob Gottes ein. (So auch Ps 148,7.) Im Jesus Sirach-Buch liest es sich so: »Dort (im Meer) gibt es Wunderdinge, die staunenswertesten seiner (Gottes) Werke, alle Arten von Lebewesen, die Riesen der großen Flut« (43,24).

Dieser Aspekt der Schöpfung ist allerdings nicht geheuer, und so spricht man von »Ungeheuern« (Uwe Steffen). Darin ist das Furchtbare und das Faszinierende enthalten.

Ein alter Mythos scheint hier durch, der in der Martha-Legende noch einmal zum Leben kommt und auf die geheime Verbindung von Frau und Urkraft hinweist.

Danach gibt es eine Affinität Gottes zu den weiblich gedachten Urkräften, der Tiamat, der Urtiefe, zu denen der Leviathan und die »Ungeheuer« gehören. Und diese Sicht spiegelt sich in der Martha-Geschichte wider, die das Untier nicht tötet, sondern es zähmt und zu seinen Gefährten zurückkehren lässt. Es gibt demnach eine kreative Verbindung Gottes zu dieser Urtiefe. Daneben gibt es die andere – mehr traditionelle – Vorstellung, dass die Welt aus dem Nichts erschaffen sei. Eine Sicht mit schroffer Distanz, die auch zu einer Distanz zwischen Gott und Mensch, Gnade und Natur werden konnte. Creatio ex profundis und creatio ex nihilo – Schöpfung aus der Tiefe und Schöpfung aus dem Nichts. Zwei unterschiedliche Schöpfungsbilder, doch die hier begegnende Version macht eindrücklich deutlich, dass der Mensch Anteil hat an der Schöpfung und zu ihrer Erhaltung und zu ihrer Ordnung aufgerufen ist. Martha und ihr Umgang mit dem Drachen sind heute ein Beispiel für solches Ordnen, für Eigenmacht und Vollmacht des Menschen, die eigene Stärke zu entdecken.

Sie, die gewöhnt war, ihren Haushalt ökonomisch in Ordnung zu bringen, bringt nun auch die Schöpfung in Ordnung, eine Ordnung, die nichts mit Starre zu tun hat, sondern die ohne Angst leben lässt.

Aus der Ökonomin ist die Ökologin geworden.

Was hat nun die französische Martha mit der Küchenmartha der Bibel, der Wirtin der Legenden, der selbstbewussten Herrin des Meister Eckehart und der Schwester des auferweckten Lazarus zu tun?

Was lehrt sie uns?

Ich sehe es so: Martha räumt auf. Sie schafft aus dem Chaos wieder Ordnung. Sie bringt die durcheinandergeratenen Dinge wieder an ihren Platz zurück: der Drache, die Drächin gehört ins Meer zu den großen Geschöpfen Gottes, nicht in die Rhone, wo sie Menschen frisst und Angst macht. Die großen und die kleinen Geschöpfe

Gottes müssen auseinandergehalten werden. Es braucht Ehrfurcht, Distanz und Demut, um der Schöpfung gerecht zu werden.

Solche Ordnung zu schaffen ist lebensnotwendig, sowohl für die Küchenarbeit, den Haushalt der Wirtin und der Hausherrin. Sie ist allerdings nicht einfach eine nebensächliche oder nur harmonische Tätigkeit. Sie erfordert Souveränität, Initiative, Fantasie, die Dinge wieder an ihren eigentlichen und sinnvollen Platz zu bringen. Und es braucht Lust dazu!

Aufräumen ist keine langweilige Routine. Es ist auch eine heilige Handlung, wie auch Gott sie in seiner Schöpfung tat: das Dunkle vom Licht trennen, die Urgewalt in den Griff bekommen, allem seinen Platz und seinen Sinn geben und sich dann am Gelingen zu freuen.

Das tägliche Chaos zu beseitigen, ist menschliche und zugleich göttliche, schöpferische Aufgabe. Sie spiegelt etwas von der kosmischen Ordnung und einem sinnvollen Umgang mit ihr wider. Was zu solcher Aufgabe gehört, sind Mut, Unabhängigkeit, und auch Besonnenheit. Es bleibt gefährlich, sich dem Drachen zu nähern. Es gibt viele andere Vorbilder, es gewaltsam und schnell zu erledigen. Es braucht eine innere Orientierung, es anders zu tun: das magische Zeichen der Isis-Priesterin, das Kreuz, das gleichschenkelige Symbol Marthas. Eine eigene heilsame Orientierung. Es braucht das Wissen, den Gefühlen, dem Unbewussten Raum zu geben, um Konflikte zu lösen und Heilungen auf den Weg zu bringen.

Was in der Bibel angestoßen ist, ist weitererzählt worden und kann heute neu erzählt werden. Es liegt an uns, diese Geschichte in unsere Zeit und in unser Leben einzubeziehen.

Gewöhnlich sehen wir es so:
Drachen muss man töten,
Hausarbeit erledigen,
Auferstehung erhoffen.

Martha lehrt es uns anders:
Drachen kann frau zähmen,
Hausarbeit schöpferisch gestalten,
Auferstehung schon hier erleben.

Angst

Ein Erlebnis aus früher Kindheit kommt mir immer wieder in Erinnerung: ein Traum von Angst, der später viele Varianten hatte:

Wie alle Sonnabende machen wir einen Familienspaziergang, meine Eltern, meine Schwester, meine Tante. Das Ziel ist ein Gasthaus im Wald, wo später Kaffee getrunken wird. Der Weg führt aus der Stadt hinaus, geht durch Felder, und da passiert es: ich bleibe zurück, warum weiß ich nicht mehr, vielleicht war ein Stein im Schuh, vielleicht eine Blume am Feldrand, vielleicht konnte und mochte ich einfach nicht mehr laufen. Vor mir der lange gerade Weg, am Ende die Gruppe meiner Familie und dazwischen die schreckliche, lähmende Erkenntnis: die sind so weit weg, die kann ich nie mehr erreichen.

Es ist die Urangst von Trennung, Ohnmacht und Isolation, die der Philosoph Erich Fromm als »Erfahrung des Abgetrenntseins« beschreibt, die Angst erregt, und die »tatsächlich die Quelle der Angst« ist. »Abgetrenntsein heißt Abgeschnittensein und ohne jede Möglichkeit, die eigenen Kräfte zu nutzen.«

Dieser Traum blieb ein Urerlebnis, das in vielen anderen Trennungen meines Lebens sich wiederholte: bei der Loslösung der Kinder, beim Mauerbau an der Zonengrenze, der mich von meiner Ost-Familie trennte, beim Verlassensein von Gruppen, zu denen ich einmal gehört hatte, beim Tod von Menschen, die mir etwas bedeuteten.

Praktisch endete der Familienspaziergang sicher so, dass meine Mutter umkehrte, mir gut zuredete, mich an die Hand nahm und der Familie wieder zuführte. Aber im Traum riss der Film an dieser Stelle – für immer. Die Fortsetzung gehörte in die Phantasie und die barmherzige Erkenntnis, dass ich der Angst letzten Endes nie ganz ausgeliefert blieb.

Ohne Trennungen, wie sie z. B. in unseren ersten Lebenssekunden in der Abnabelung von der Mutter erfolgen, ist menschliches Leben nicht zu denken. Und das heißt zugleich, ohne Angst-Erfahrungen würden wir nicht existieren.

Nun gibt es allerdings viele kleine alltägliche Ängste: ich habe Angst vorm Zahnarzt; ich habe Angst, den Zug zu verpassen. Aber viele dieser Alltagsängste lösen sich gnädig auf: der Zahnarzt bohrt nicht, der Zug hat Verspätung und wird erreicht.

Schwerer sind Ängste, die sich wie eine dumpfe Gewalt über einen Menschen lagern: die Sorge, dass ein Kind nicht gedeiht, dass der Krebs die Freundin auffrisst, dass ich verfolgt werde und Depressionen mich erdrücken. Es gibt auch dunkle, diffuse Dauerängste, die nicht nur um mich oder um einen Menschen kreisen, sondern auch die Welt betreffen: die immer wieder aufbrechenden Kriege, die Zerstörung der Umwelt, der Verlust aller gesellschaftlichen Hoffnungen.

Wenn ich aber Zeitgenossen und -genossinnen frage: Was macht dir Angst, dann sind es meist individuelle Ängste:

– der mögliche Verlust des Partners, der Partnerin durch Tod oder Liebesentzug,

– die Angst zu versagen, die sowohl Erstklässler als auch den Professor erfassen kann, seinen Studenten nicht mehr zu genügen, und die in unserer auf Leistung und Erfolg ausgerichteten Gesellschaft immer mehr zunimmt,

– die Angst vor Altersdemenz, die in unserer älter werdenden Bevölkerung für jeden greifbar näher rückt.

Ängste sind also vielfältig, klein und zuweilen kleinlich, dauerpräsent oder nur die Gegenwart trübend. Sie können uns besetzen und Körper, Sinne und Geist blockieren.

Es sind Ängste, die uns unser Wohlgefühl rauben. Sie nehmen uns etwas, was wir für normal und uns angemessen halten. Sie nehmen ein Stück des Lebens weg, das uns Identität, Ganzheit, die Beziehung zu einem vollen, heilen Leben bedeutet. Angst zeigt, dass wir auf dieses ganze, heile Leben ausgerichtet sind, dass wir Beziehung und Gemeinschaft brauchen, aber dass unsere Welt nicht heil ist, wir aber Heilung brauchen.

Doch wer gesteht sich schon zu, dass ihm etwas fehlt? Dass er/sie gar Heilung braucht?

Wo Leistung, Erfolg, Durchsetzungsvermögen und Schönheit dominieren, verdrängt man gern Flecken. Sie werden übertüncht mit angelernter Sicherheit oder Eleganz. Aber Ängste lauern heute überall, in Chefetagen und im Friseursalon: die Angst vor Abstieg, Statusverlust, Armut und Vergessenheit. Sie lauern in Gesunden, aber auch in ganz jungen Menschen. Aber man hat fröhlich und tolerant, zuverlässig und belastbar zu sein und mit jedem reibungslos auszukommen!

Ängste werden zudem von Scham und Schuldgefühlen begleitet, etwas verfehlt zu haben. Aber das zuzugeben, hat gegenwärtig wenig Konjunktur.

Auf der anderen Seite haben viele gelernt, in Gruppen, Therapien, Freundeskreisen ihren Ängsten Ausdruck zu geben, Schuld- und Schamgefühle zu überwinden und befreiende Kräfte aus ihrer Offenheit zu gewinnen.

Doch letzten Endes sind Menschen immer wieder auf sich allein gestellt. Sie müssen *ihr* Leben gestalten, aus *ihrer* Geschichte lernen und *ihren* eigenen Weg finden.

Wie gehe ich mit meiner Angst um?

In unserer Gesellschaft sind verschiedene Versuche zu beobachten:

Es gibt seit alters her und in allen Kulturen Betäubungsmittel gegen die Angst. In der gegenwärtigen Gesellschaft sind es Drogen und Alkohol, die vorübergehend die tiefsitzende Einsamkeit und Isolierung aufzuheben scheinen. Eine andere Art von Angst-Bewältigung beschreibt der Schriftsteller Louis Begley in seinem Roman »Mistlers Abschied«. Ein erfolgreicher Geschäftsmann flieht – ohne seine Familie in Kenntnis zu setzen – vor seinem voraussehbaren Krebs-Tod nach Venedig, um dort noch einmal zu lieben und zu leben. »Hast du Angst?« fragt ihn schließlich ein Freund, »... vor dem Schmelzen, Zergehen und dem ganzen Scheiß?«

»Noch nicht«, antwortet Mistler und hat nur zwei Wünsche, den Medizinern mit »ihren Wundern der modernen Medizin« zu entgehen, keine Rechenschaft über seine Sünden ablegen zu müssen und schmerzlos sich davonzumachen. Ein makaberes Bild einer Gesellschaft, in der trotz allen Wohlergehens die Angst lauert und eines Mannes, der bis zuletzt seine Welt regieren möchte und nicht an ihr leiden will.

Doch Sex, Drogen und Alkohol verschaffen nur kurzfristige Illusionen. Die Angst stellt sich schnell wieder ein.

Nachhaltiger ist die Wirkung der Anpassung, die manche versuchen, um aus gesellschaftlicher Isolation befreit zu werden. Wer seinen eigenen individuellen Weg zu gehen meint, wer seinen Idealen leben möchte, spürt irgendwann die Angst, nicht mehr dazuzugehören. Das kann schon in der Schule passieren, wenn die Normen modischer Markenkleidung nicht mehr erfüllt werden. Das kann im politischen Bereich geschehen, wenn nicht mehr dem stärksten Anführer gefolgt wird. Das kann überall da sich ereignen, wo die eigene Überzeugung, der abweichende Lebensstil, die persönliche Gewissensentscheidung bedrohlich den Konsens einer Gruppe in Frage stellen. Der Druck der Anpassung an den gängigen Stil, die übliche Meinung, Kleidung, die traditionellen Gewohnheiten ist riesengroß und dem Zwang zur Einordnung und Aufgabe des Eigenen kann sehr schwer widerstanden werden. Doch die Folgen sowohl für die Einzelnen als auch für die Gemeinschaft sind gravierend. Angst vor Isolation kann hier Leben, Herausforderung, Eigensein zerstören. Werte, die die Persönlichkeit zerbrechen und die Gesellschaft verarmen lassen können, die von Non-Konformisten lebt.

Der Weg in die Kreativität ist eine weitere und vielleicht fruchtbarste Möglichkeit, mit Angst umzugehen. Schreiben, Handwerken, Töpfern, Gärtnern und viele kleine gestalterische Tätigkeiten können Einsamkeiten aufheben. Dazu braucht es nicht das künstlerische Genie, aber den sich selbst erkennenden, leidenden Menschen, der seine Absonderung durchbricht. Der seiner Angst und seiner Menschlichkeit einen Ausdruck verleiht.

Angst kann Menschen auf einen Abgrund zutreiben, wo es kein Leben mehr gibt, und jede Angstbewältigung sollte unsere Achtung haben.

Nun fällt in unserem Sprachgebrauch etwas auf, was uns dem Verständnis von Angst noch näher bringt. Angst ist das unheimliche Gefühl von etwas Bevorstehendem: wie der Tormann Angst vor dem Elfmeter hat, so können Kinder Angst vor der Schule haben, vor der Lehrerin, vor den Eltern. So haben wir Angst vor der Operation, vor dem Arzturteil, *vor* allen möglichen Schrecken. Das alles ist noch nicht eingetroffen, und vielleicht trifft auch manches nie ein, und die Ängste sind grundlos. Der Tormann hält den Ball, die Lehrerin ist verständnisvoll, die Operation ist nicht nötig. Aber das Bevorstehende ist unheimlich, macht mich hilflos, isoliert mich von der Gemeinschaft, die sicher und zielgerichtet scheint. Was auf mich zukommen kann, raubt mir die Ruhe, die Selbstsicherheit, das Gefühl, in diesem Leben geborgen und zu Hause zu sein. Wir ängstigen uns vor einer Zukunft, die so anders sein könnte, als wir sie wünschen.

Die finsteren Wolken von etwas Kommendem haben die Gegenwart verhängt. Dass ich atme, fühle, denke, dass *ich* lebe, verrauscht. Dass ich *bin*, mit allen meinen Sinnen, meinen Kräften, Fähigkeiten, wird aufgesaugt von der Angst.

Doch ich *bin* – auch jenseits meiner Angst. Es gibt die Gegenwart – auch losgelöst von der Zukunft. Bei Maxie Wander heißt es:

> Die Eigenart eines jeden Tages mit Worten einfangen … Heute duftet mein Tag nach Sonnenwiese, Wipfelrauschen, Mühlenbach, Vergissmeinnicht … Hör doch! Merkst du nichts? Du lebst …

Nicht irgendeine Zukunft – die Gegenwart ist lebendig, und Düfte, Gefühle, Geschmack zeigen ein Zuhause auf, das leicht vergessen wird. Du lebst – die Gegenwart ist lebendig und du in ihr, mit allem, was du bist, warst und sein wirst. Der Augenblick kann über das Kommende Macht gewinnen, und die Angst wird zum Schatten.

Solch Vertrauen in Gegenwart und Leben ist keine Garantie für einen guten Ausgang des Kommenden. Es ist ein Vertrauen ins Leben, das wir nicht festhalten und nicht allein gestalten können. In ein Leben, das aus ungeahnten Möglichkeiten, Kräften und Überraschungen besteht. In dem sich Tore auftun, die verschlossen schienen, die ich nicht einmal sah. Ein Leben, in dem ich Menschen begegne, denen ich vertraue, und Menschen, die Geborgenheit geben.

Solch Vertrauen ins Leben wird gern als Urvertrauen verstanden.

Ein Urvertrauen, ein Erstvertrauen, das wir einmal von unserer Mutter gelernt haben und das uns mit auf den Lebensweg gegeben ist: Es ist gut zu leben. Solch Urvertrauen kann zeitweilig verloren gehen. Es kann überlagert werden von Misstrauen. Es kann aber auch wiedergewonnen werden durch Erfahrungen von Liebe, Freundschaft, Annahme und Anerkennung.

Solch Urvertrauen kann verschiedene Wurzeln haben und sich auch immer wieder aus verschiedenen Wurzeln nähren. Es kann aus der zuverlässigen ersten Lebens- und Liebeserfahrung stammen, die sich im späteren Leben wiederholen und aus denen heraus der Angst gelassener begegnet werden kann. Sie verdichtet sich in der Vereinigung der Liebenden, in der alle Trennungsangst ausgelöscht ist, und auf die das Wort aus dem ersten Johannesbrief zutrifft: »Furcht ist nicht in der Liebe, sondern die völlige Liebe treibt die Furcht aus« (1. Joh 4,18). Solche intensiven Vertrauenserfahrungen lassen nicht nur angstfreiere Menschen, sondern auch angstfreie Räume entstehen.

Solch Angst minderndes Urvertrauen kann seine Wurzeln in der Religion haben. Die Grundannahme, von einem Gott geliebt und geachtet zu sein, kann Kräfte in Menschen gegen Zerstörung mobilisieren.

Doch es gibt gerade in den Religionen auch Gottesbilder, die eher Angst als Freiheit verursacht haben. Die Suche in der christlichen Religion nach einem »gnädigen Gott« trieb Luther und die Reformatoren um, bis sie schließlich den mit Gott versöhnenden Jesus verstanden. Das Bild des Vaters, der seinen Sohn am Kreuz grausam sterben lässt, erregt bis heute viele Frauen und vertreibt sie aus den Kirchen. Eine Kreuzestheologie mit ihrer

Botschaft: »Für eure Sünden gestorben« hat viele Menschen in ihrer Selbstwahrnehmung verstört. Wo sind denn meine Sünden? Und was sind denn eigentlich meine Sünden? Menschen, die wie Klaus-Peter Jörns herausgefunden hat, eher nach einer begleitenden Partnerschaft Gottes suchen, sind irritiert vom Bild des Weltenrichters, von Erzählungen vom strafenden Gott und einem schwarzen Pädagogen-Gott.

Frauen haben in den letzten Jahrzehnten dagegen andere vergessene Gottesbilder der christlichen Tradition wieder in den Vordergrund gerückt. Oft sind es weibliche Bilder, Bilder, die Vertrauen zurückgeben. So waren viele bergende und nährende Mutterbilder Gottes aus unseren Liturgien verschwunden und kehren nun langsam zurück. Gott-Weisheit, die an vielen Stellen des Alten Testaments beschrieben wird, kennt keinen Straf- und Drohapparat. Sie begleitet wie eine Freundin/ein Freund Menschen auf ihrem Weg und lässt ihnen die Freiheit, auch andere Wege zu gehen. Sie sucht die Menschen, lädt sie ein wie eine gute Gastgeberin und stillt ihren Hunger mit vielen guten Speisen. Hier ist alles Beklemmende eines herrscherlichen Gottesbildes aufgehoben. Hier ist Gott Frau, Freundin, Lebensbegleiterin, die einem die Angst nimmt. In den Weisheitstexten ist von Gottes*furcht* die Rede, die aber nicht Angst bedeutet, sondern Ehrfurcht vor der umfassenden, helfenden, suchenden Frauengestalt.

Eine andere Geschichte solchen Urvertrauens ist die Jesusgeschichte, vor allem die Geschichte in Gethsemane, eine Geschichte der Angst und des Verlassenseins von Gott und Menschen. Sie ist unzählige Male gemalt worden: die Freunde, die Jünger, die sich so viel Mut und Treue zutrauen, schlafen, und Jesus betet zu Gott, dass der Kelch des Todes und des Leidens an ihm vorbeigehe. Aber es kommt kein helfender Gott und keine Stimme von oben. Gott schweigt, und die Freunde haben ihn allein gelassen. Die Bibel hat diese Geschichte in verschiedener Weise erzählt. Am elendesten ist diese Angst im frühesten Evangelium, bei Markus, dargestellt: Zittern, Auf-die-Erde-Fallen, der verzweifelte Ruf nach dem liebenden Vater Abba. Die späteren Geschichten haben schon den Überwinder im Auge gehabt! Sie sind nicht mehr schrill, sondern frömmer.

An diese frühe Geschichte haben sich viele Menschen in unsäglichen Leiden und in stiller Verzweiflung geklammert. Sie endet mit dem Tod und scheinbar hoffnungslos. Aber sie birgt ein Geheimnis, das andere Todes- und Verzweiflungsgeschichten nicht haben: sie erzählt von Gottes Angst und Gottes noch stummer Gegenwart, die diese Angst aushält: »In allen unseren Ängsten warst Du selber unsere Angst.« Sie erzählt nicht ein herrliches Ende der Angst, aber sie hat Ängste begleitet, Ängste gespiegelt und Gott in unsere eigene Geschichte hineingezogen. Wie eng menschliche und göttliche Erfahrung miteinander verschlungen sind, hat der protestantische Liederdichter Paul Gerhardt in dem klassisch gewordenen Vers ausgedrückt:

> »Wenn mir am allerbängsten wird um das Herze sein,
> so reiß mich aus den Ängsten kraft deiner Angst und Pein.«

Der biblische Satz: »In der Welt habt ihr Angst, aber siehe, ich habe die Welt überwunden«, ist häufig missverstanden worden, als ob es nur nach dem Tod, in einem Jenseits, Befreiung von den Ängsten gibt. Doch in uns sind Kräfte, die uns zurückbringen in ein verloren gegangenes Vertrauen, das uns neue Wege in ein vor uns liegendes Vertrauen öffnet, das in unsere Sinne, Herzen und Hände gegeben ist. Ein anderer biblischer Satz weist darauf deutlich hin: »Du stellst meine Füße auf einen weiten Raum« (Ps 31,9). Stellen wir uns vor, mitten auf einem schmalen Pfeiler in einem feindlichen Meer ausharren zu müssen, auf einem Pfeiler unserer Isolation, unseres Stolzes und unserer Angst, und es tut sich nun um diesen Pfeiler weiter Raum auf, den ich begehen kann. Das feindliche Meer trocknet aus, wird eine begehbare Erde, auf der ich Schritte tun kann in verschiedenen Richtungen. Eine Erde, die mich aufnimmt, auf der ich Ängste verlieren, auf der ich Vertrauen geben kann, und auf der gelten soll: »Fürchte dich nicht!«

»Gib die Dinge der Jugend mit Grazie auf«

Vor vielen Jahren ging ein Text in spiritualistisch engagierten Gruppen von Hand zu Hand, genannt das Baltimore-Gebet. Es kam aus den USA und erreichte die verschiedensten Gruppen, Hippies in San Francisco und Gefangene. Er war bekannt in der Drogenszene, in Schulen und Kliniken und begeisterte und erwärmte viele, die von einer Erneuerung der Gesellschaft träumten. Dabei war der Text keineswegs revolutionär, eher realistisch-pragmatisch und vermittelte Lebensweisheiten, die überzeitlich sind. Doch das Geheimnis dieses Textes scheint mir zu sein, dass er auf unaufdringliche, aber überzeugende Weise die Botschaft vermittelte, sich selbst anzunehmen und zu lieben: »Sei gut zu dir selbst!« »Strebe danach glücklich zu sein!« und eine Welt sich vorzustellen, die fern von Ideologien und Religionseifer Frieden erleben lässt.

Eine Passage, die das Alter betrifft, hat es mir seit Jahren besonders angetan. Es heißt dort:

»Ertrage freundlich-gelassen den Ratschluss der Jahre, gib die Dinge der Jugend mit Grazie auf. Stärke die Kraft des Geistes, damit sie dich in plötzlich hereinbrechendem Unglück schütze. Aber beunruhige dich nicht mit Einbildungen. Viele Befürchtungen sind Folge von Erschöpfung und Einsamkeit. Bei einem heilsamen Maß an Selbstdisziplin sei gut zu dir selbst.«

»Gib die Dinge der Jugend mit Grazie auf« – das hat mich lange bewegt. Wir kennen alle die Altersdevise: Man muss abdanken, loslassen: den Beruf, die Kinder, die Familie, die eigenen Planungen – das ist ja alles richtig. Aber irgendwie mag ich die Alterspädagogik, die für mich dahintersteckt, nicht. Ich mag nicht das Müssen, das Sollen, die gutgemeinten Ratschläge.

Ich mag auch nicht das Verzichten, das darin sich verbirgt, das Frauen ihr Leben lang gelernt haben. Und ich mag nicht die Altersarmut, die sich da plötzlich vor einem auftut.

Gewiss, der Beruf hört auf. Kinder sind aus dem Haus gegangen. Ein neues Leben, zuweilen mit Öde und Stummheit tut sich auf.

Etwas erschreckt schreibt Hannah Arendt an ihre Freundin Mary McCarthy, dass Altwerden nicht – wie Goethe noch meinte – »das stufenweise Zurücktreten aus der Erscheinung« bedeute, sondern die »stufenweise Transformation einer Welt mit vertrauten Gesichtern (egal ob Feind oder Freund) in eine Art Wüste, die von fremden Geistern bevölkert ist. Mit andern Worten: Nicht Ich bin es, die sich zurückzieht, sondern die Welt ist es, die sich auflöst ... eine gänzlich andere Aussage.«

Doch ich möchte versuchen, diesen anderen Lebensabschnitt durch Freiheit und Selbstentscheidung zu prägen und ihn immer neu für mich zu gestalten versuchen.

Natürlich gibt es Situationen, die ich überhaupt nicht selbst beeinflussen kann. Ein Unfall, ein Todesfall, eine schwere Krankheit können mir stets meine Unfreiheit klarmachen. Doch auch darin – so meine ich – kann ich schließlich Gestaltungsfähigkeiten finden. Deshalb ist mir der Satz: »Gib die Dinge der Jugend mit Grazie auf« so wichtig.

Er verlangt erstens, sich mit der Vergangenheit auseinanderzusetzen. War sie so heiter und erstrebenswert? Ist es nicht auch schön, etwas von ihr aufzugeben?

Und zweitens liegt in dem Wort »Grazie« ein Zauber, kein Müssen und Sollen, dem ich nachgehen möchte.

Bei der Vorstellung »Jugend« denken wir zunächst an Positives: Unbekümmertheit, Schwung, Gesundheit.

Doch wenn wir in unsere Gesellschaft und deren Zwänge blicken, dann sieht Jugend auch anders aus: Leistungszwang, Abhängigkeit, Unsicherheit, Selbstbehauptung. Für eine ältere Frauengeneration kamen dazu noch Rollenzwänge: Frauenberufe und keine freie Wahl. Mutterschaft, ob frau wollte oder nicht. Die sogenannte Jugend konnte sehr schnell aufhören, reizvoll zu sein.

Natürlich sitzt uns allen tief die Sehnsucht nach einer freien Jugend im Herzen, aber wir sollten neu fragen nach den Ängsten und Zwängen, die damit verbunden waren und es bis heute sind, und die wir oft unbewusst noch mit uns herumschleppen. Ich brauche aber nicht mehr leistungsstark, abhängig und unsicher zu sein. Ich bin ich und habe mein Leben bisher gestaltet, bestanden und allein geführt.

»Jeder hergelaufene Dummkopf«, schreibt Eric-Emanuel Schmitt, »kann das Leben mit zehn oder zwanzig genießen, aber um es mit hundert noch zu schätzen, wenn man sich nicht mehr rühren kann, muss man seinen Verstand benutzen.«

Doch wie gelingt das? Mit Grazie, sagt der Text, »gracefully« heißt es im englischen Urtext.

»Grazie« weckt zunächst unterschiedliche Vorstellungen. Ich denke dabei an graziöse kleine Tänzerinnen, auch an manche junge Frauen und ebenso an Ältere, die graziös bis ins hohe Alter sind. Aber die meisten Älteren sehen sich alles andere als graziös, eher als schwerfällig in Schritt, Haltung und Aussehen.

Grazie gehört zur Jugend, zum Unbekümmertsein, zur heilen Körperlichkeit, aber wenn jeder Schritt schmerzt, ist alle Grazie dahin.

Grazie ist eben angeboren – werden manche klagen. Man hat sie oder hat sie nicht.

Was soll also der Ratschlag, älter zu werden mit Grazie?

Grazie ist nicht etwas, was den Jungen, Schönen, Begnadeten vorbehalten ist. Was Grazie ist, erlebe ich in den Erfahrungen einer Frau, die in einem Altenheim Tanzkurse macht. Aber Tanzen im traditionellen Sinn tun hier nur die wenigsten. Die Meisten tanzen im Sitzen und im Rollstuhl, ein wenig mit den Füßen, vor allem mit den Händen und den Armen, und sie bewegen das, was zu bewegen ist. Sie werden euphorisch. Sie heben ab, sagt die Leiterin. Sie erleben ein Stück Himmel, und sie werden anmutig, d. h. sie haben den Mut, anders zu sein als bisher. Sie lassen die Erdenschwere, die Schwergewichte ihrer alten Glieder hinter sich und erfahren Leichtigkeit. Dazu verhilft Musik, Geschichten, Erzähltes und die Gemeinschaft, die sich auf einen neuen Weg einlässt.

Grazie hat etwas mit der Leichtigkeit des Seins zu tun. Graziös ist, wer sich solcher Leichtigkeit hingibt. Tanzen kann man auch mit Gedanken, Sehnsüchten, Hoffnungen.

Grazie hat auch etwas mit Gnade zu tun. Grace (engl.) heißt Gnade. Wir sind gewohnt, Gnade als eine Gabe von oben, von jenseits anzusehen. Gnade ist etwas, was wir nicht erwerben können, was uns geschenkt oder gewährt wird. Wir können nichts dafür tun. Im Wort »Gnade« steckt für viele noch etwas vom herrischen Denken. Ein »gnädiger Herr« strafte oder belohnte. Die biblische Gnade bedeutet jedoch überfließende Fülle, die aus einem reichen und nicht herablassendem Gottsein kommt.

Ich meine, wir alle haben etwas von der Grazie = Gnade des Seins mitbekommen. Manche haben sie sichtbar entfalten können, in ihrem Körper, in Kunstwerken, im Lebensstil. In manchen schlummert sie lange, bis sie in Erscheinung tritt. Erwerben können wir sie nicht, wohl aber ihr Raum geben, dieser Leichtigkeit des Lebens, die immer wieder durch Arbeiten, Leisten, Schaffen unterdrückt wird. Verlorengehen kann sie nicht, erzwungen werden auch nicht. Es liegt an uns, ihr einen Raum zu öffnen, aufzugeben, was nicht mehr zu uns passt.

Sie ist uns im Alter näher als in jungen Jahren, indem wir die Tüchtigkeiten und Wichtigkeiten der Jugend aufgeben und Erde und Himmel neu begegnen.

An vier verschiedenen Bereichen:

1. In unseren Erfahrungen mit dem Körper,
2. in der Grazie des Liegens
3. in unserem Umgang mit unserer Lebensgeschichte
4. im Altern mit Gott

will ich versuchen, aufzudecken, was aufgebbar ist, und dem Charme der Grazie nachgehen.

Erfahrungen mit dem Körper

Der Körper ist für viele Ausdruck von Leben, Freude und Dynamik, und wenn sich Schwächen, Krankheiten, Behinderungen zeigen, ist es für sie wie der Verlust des eigenen Ichs.

»Der Körper, dieser Kopf-Rumpf-zwei Arme-zwei Beine-Körper«, schrieb die Journalistin Vilma Sturm, »was für ein verlässlicher Geselle war er doch gewesen! Er ging und stand und lief, er trug und schleppte … er sprang und drehte sich im Tanz, er schwang sich über Barren und Reck, kopfüber, kopfunter. Er schwamm und ruderte. Er warf und schlug den Ball, hatte Kräfte, die Erde umzugraben. Er konnte nicht alles, aber doch das meiste, was man ihm zumutete, er war zu Diensten, ließ sich nie lange bitten. Sie hat beinahe vergessen, wie er ihr einfach gehorchte, als sie seiner sicher sein konnte. Nun herrscht Unsicherheit, die totale Unverlässlichkeit …«

Der Körper ein Dienstleib, gehorsam, untertan meinem Willen und meinen Lebensvorstellungen! So erleben viele ihren Körper, und wenn diese Herrschaft nicht mehr funktioniert, gleicht dies einer Revolution, die einen erschüttert.

Der Körper ist der Bereich, in dem die Meisten das Alter, das Versagen, den Zerfall des bisherigen Lebens am deutlichsten erleben. Biologisch ist uns vieles klar: die

Zellteilung wird schwächer. Die Organe arbeiten langsamer. Die Vitalität lässt nach.

Normalerweise gibt man die Dinge der Gesundheit nicht selbst auf. Sie werden einem genommen, langsam oder durch eine Krankheit. Man spürt es allmählich, oder es kann über einen herfallen. Wir sind im Allgemeinen nicht gefragt. Der Unterschied zu Schwächen und Defiziten der früheren Jahre ist, dass man auf Besserung und Wiederherstellung des alten Zustandes hoffen konnte. Das Bittere des Alterns ist, dass der Alterungsprozess letzten Endes nicht aufzuhalten ist. Nichts wird besser, sondern alles schlechter. Soweit die Biologie.

Was bedeutet es nun, die Dinge der Jugend mit Grazie aufzugeben? Zunächst sollten wir uns nicht als Ohnmächtige sondern auch als Selbständige in diesem Prozess sehen, und d.h. ein Stück Identität mit den versagenden Organen versuchen. Wenn die Beine nicht mehr tun wie bisher, der Rücken schmerzt, das Herz nicht mehr so will – sollten wir die Botschaft unserer Glieder oder Organe hören. Wir hatten uns an ihre Unverbrauchtheit, an ihre Jugendlichkeit gewöhnt – jetzt zeigen sie uns ihre kreatürliche Seite. Sie zeigen uns, wie und wer wir selbst sind.

Das Annehmen kann mit Ärger, Wut, Tränen, Trauer geschehen, auch mit dem Versuch, das alles zu ignorieren. Aber es kann auch mit Grazie geschehen, wenn die neue Situation uns z. B. sagt: »Du brauchst auch gar nicht mehr alles zu tun! Du kannst es dir leichter machen: nicht mehr so viel tragen, nicht mehr so weit laufen, nicht mehr alle Pflichten erfüllen, nicht mehr immer fröhlich und einsatzbereit sein. Du hast alles – mehr als genug – getan.«

Sei gut zu dir selbst – mit deinem Körper, der dir so lange nützlich war und der nun sein Recht fordert und damit dir auch etwas Gutes tun will.

Wir können nicht ewig jung, dynamisch und stark sein – das wäre auch langweilig. »Forever young« – das ist eine kindliche Vision, die den Menschen hässlich macht wie einen alternden Playboy oder wie das erstarrte künstlich geliftete Gesicht einer Diva. Das Abenteuer des Alterns ist nicht riskiert! Die Grazie ist dabei verloren gegangen. »Ich habe unter denen, die sich einer unerschütterlichen Gesundheit erfreuen, noch keinen getroffen, der nicht in irgend einer Weise ein bisschen beschränkt gewesen wäre …«, schrieb André Gide.

Viel einfallsreicher ist es, die uns verbleibenden Fähigkeiten des Körpers sich einmal anzusehen: Wenn wir diesen Körper als eigenständig und als Gegenüber ansehen, fragen wir nicht mehr nur nach seiner Leistung, sondern auch nach seiner Eigenheit.

Was steckt in ihm? Was hat er mir bislang verborgen?

Was bietet er mir auch noch an?

Dabei könnte es Entdeckungen geben, die lange verborgen waren und die eine neue Lebensqualität bringen könnten: ich will ein paar Beispiele nennen:

Die Geschichte zweier alter Frauen aus einem antarktischen Nomadenstamm ist inzwischen weltberühmt geworden. Den Stamm bedroht eine Hungersnot, die Menschen müssen weiterziehen, um Nahrung zu finden, aber sie können zwei alte Frauen dabei nicht mitnehmen, die hilflos scheinen und an Krücken gehen. Die beiden sind 75 und 80 Jahre alt, miteinander gar nicht gut bekannt, und sie sehen sich verraten und dem Tode ausgeliefert. Doch nach einigen Tagen der Verzweiflung erwacht in ihnen etwas wie Widerstand gegen ihr Alter und ihr Schicksal: sie beschließen, nicht untätig zu verhungern und zu erfrieren, sondern »handelnd zu sterben«. Dabei erinnern sie sich, dass sie eines Tages geglaubt hatten, genug in ihrem Leben geleistet zu haben und einfach aufhörten! Doch ihre Körper seien noch immer gesund genug, »um ein wenig mehr zu leisten, als wir ihnen zugetraut haben«. Sie besinnen sich auf alle Kenntnisse, die sie sich in ihrem Leben angeeignet hatten, basteln Schneeschuhe, stellen Fallen auf und ziehen schließlich mit dem, was sie besitzen, zu Fischplätzen, die ihnen schon einmal zum Überleben verholfen hatten. Und die Krücken bleiben zurück! Das alles geschieht nicht wie im Märchen. Das ist keine Wundergeschichte, sondern harte Realität. Die Schneeschuhe sind nicht perfekt, die Fallen aufzustellen, ist mühselig, die Wanderung mit Gepäck durch Schnee und Eis viel länger, als sie erwartet hatten, und weit schmerzreicher. Die Nächte in Schneelöchern traumatisch und das Erwachen mit steifen Körpern eine Qual. Doch sie reaktivieren ihren Körper und alles einmal Gelernte, und wenn etwas gelingt, ein Tier in eine Falle geht, eine Nacht gut durchschlafen ist, dann »fühlen sie sich leicht und beschwingt nach all dem, was ihnen gelungen war.«

Die Geschichte hat schließlich ein glückliches Ende: der Nomadenstamm kehrt nach erfolgloser Nahrungssuche erschöpft zurück, und die beiden Frauen können mit ihren gesammelten Nahrungsmitteln helfen und schließlich auch den »Verrätern«, die sie verlassen haben, dem Häuptling und der Tochter, vergeben.

Mir ist wichtig an dieser Geschichte, wie viel Wunder, wie viel Möglichkeiten in uns, unsern alten Körpern, unserm Wissen verborgen sind, und wie sie überlagert sind von Vorurteilen, eigenen und gesellschaftlichen.

Die Erzählerin der Geschichte, die auf Volksüberlieferungen zurückgeht, meint, dass »den eigenen Fähigkeiten keine Grenzen gesetzt sind, wenn es darum geht, im Leben das zu vollbringen, was man muss«, und dass »in jedem menschlichen Wesen auf dieser weiten und komplizierten Welt eine erstaunliche Anlage zur Größe« ruht.

Eine andere eindrückliche Körpergeschichte ist der Krankenbericht einer von vielen Behinderungen belasteten Frau. Sie erlebt ihren Körper als ein Zuhause, in das sie sich zurückziehen, und in das sie immer »leichtfüßig« zurücktreten kann, um Schmerzen zu überstehen, sich auszuruhen oder freudig aus den Fenstern zu blicken. Dieser Körper ist kein heiliger Tempel. Er ist immer noch im Bau, ist unvollständig, kann aber reicher und schöner werden durch Erfahrungen und Begegnungen. Aber er hat auch einen Keller voller Ängste und allerlei Gerümpel.

Für die Frau drückt sich in diesem Bild aus: »Das meiste muss aus mir selbst kommen, und ich bin mir zunächst einmal selbst genug. Ich schwinge in mir selbst oder lasse andere auf mich zu schwingen oder auch von mir weg. Ich kann mich in mir zusammenrollen, Kräfte sammeln und mir Zuwendung geben. Da sind Schmerzen und da ist meine neue Fröhlichkeit.«

Der Körper nicht mehr nur Quelle von Schmerzen und Zeichen der Vergänglichkeit, sondern auch ein Gegenüber, ein Raum der Geborgenheit.

Beiden so unterschiedlichen Geschichten gemeinsam ist, dass der alte, scheinbar unbrauchbare Körper mit seinen Möglichkeiten neu gesehen und neu erlebt wird. Die Dynamik der Jugend ist zwar dahin, aber ein neuer Rhythmus der Langsamkeit, der Schwingungen tritt an die Stelle. In beiden Geschichten taucht ein ähnliches Wort auf: Die beiden alten Frauen fühlen sich, wenn etwas gelungen ist, »leicht und beschwingt«, und die Kranke kehrt »leichtfüßig« in sich selbst zurück und »schwingt in sich«, auf andere zu und auch von sich weg.

Beides sind Erfahrungen von der Leichtigkeit des Seins, der Grazie, die in Mühen und Schmerzen in unseren Alltag einbrechen kann.

Das Kennzeichen menschlicher Würde ist für viele der aufrechte Gang. Das erste Stehen, das erste Gehen – das macht das Kleinkind stolz. Das verändert seine Weltsicht.

Doch mit wachsendem Alter, nach einem langen Leben, das wir – wörtlich – durchgestanden haben, ist Stehen nicht mehr mit Stolz, sondern mit Anpassung und Anstrengung verbunden. Wir sind nicht mehr »im Stande«, gewisse Erwartungen zu erfüllen. Was als »anständig« gilt, können wir nicht mehr leisten. Natürlich bleibt es wichtig, mit aufrechtem Kopf durchs Leben zu gehen, sich nicht verkrümmen zu lassen. Das haben Frauen in den letzten Jahren neu gelernt.

Aber wo haben wir nicht überall zwangsweise gestanden: bei der Hitlerjugend, oft stundenlang, beim Arbeitsdienst-Morgenappell, beim Schlangestehen in der Kriegs- und Nachkriegszeit. Damals fürs Lebensnotwendige, heute wieder für Museen und Theaterkarten. In der Kirche stehen wir oft unzumutbar lange, obwohl Gott an uns und wir an ihm mehr Freude im Sitzen hätten.

Durchs Stehen wird oft Ehrfurcht ausgedrückt. Stehvermögen, Standhaftigkeit, etwas durchstehen – das sind moralische Werte, die aus unserer Körperhaltung bezogen sind.

Aber eines Tages beginnen Hüften, Knie, Rücken nicht mehr schmerzlos mitzumachen. Sitzen ist angesagt, aber inmitten einer aufrechten Menge ist das peinlich: ich bin schwach, brauche einen Halt, falle auf. Sitzen ist eine Notlösung, und man braucht eine Stütze dafür: den Stuhl. Ich bin nicht mehr standhaft. Ich bin nicht mehr selbständig.

Doch neben dem Sitzen gibt es eine noch labilere Haltung: das Liegen, und die ist noch auffälliger. Im Unterschied zum aufrechten Gang zeigt Liegen die totale Erschlaffung an. Nichts scheint mehr vom erhobenen

Haupt, Stolz und Souveränität übrig geblieben zu sein. Wer liegt, gerät in die Phase des Kleinkindes, das von oben betreut wird und keine Übersicht hat. Liegen tun wir beim Schlafen, in der Krankheit und beim Tod. Etwas von unserer bewussten Würde ist dann dahin. Eine »Niederlage« ist ein Verlust unserer Wertvorstellungen. Auf alten Bildern steht der Sieger auf dem daniederliegenden Feind. Liegen hat auch in unserer Sprache keinen positiven Beigeschmack mehr.

Die feministische Theologin Ina Prätorius hat mich neu auf den Sinn des Liegens aufmerksam gemacht. Sie schreibt:

»In der überkommenden Ordnung ist Liegen mit Schwäche verknüpft: Wer liegt, ist müde, faul, krank, befriedigt niedere Triebe oder wird vergewaltigt. Die Liegestatt ist deshalb privatisiert.« Sie schlägt dagegen vor, öffentlich geschützte Räume fürs Liegen anzubieten, um »die notwendige Einstellung des anfänglich gelassenen Daseins salonfähig zu machen.« Sie interpretiert dann den Sinn des Liegens so: »Liegend werde ich gewahr, was ich anfänglich war, endlich sein werde und auch jetzt bin: ein Wesen, das sich anderen und anderem verdankt, das manchmal aufstehen kann, um etwas Sinnvolles zu tun. Schon mancher ist im Liegen zu einer besseren Vernunft gekommen. Liegen ist nicht Schwäche, die man verstecken muss. Wer liegt, gibt zu erkennen, dass er, wie alle anderen Menschen, geboren, verwundbar und frei ist … ein Zeichen, dass wir willens sind, einander zu offenbaren, wer wir wirklich sind.«

Wie die Sabbatruhe lange aus Theologie und Ethik verschwunden war, so könnte das lange verpönte Liegen wieder zu einer Haltung schöpferischer Ruhe, Ort der Phantasie und des Geöffnetseins werden – nicht nur in Nacht und Krankheit, sondern auch am helllichten Tag und in offenen Räumen.

Die Dinge der Jugend – das ist für mich das lebenslange Lernen des Stehens und der Standhaftigkeit. Im Liegen ist für mich die Grazie einer neuen Lebenskunst sichtbar: die Mühen des Stehens, des Für-etwas-Einstehens, des Durchstehens aufzugeben und mit Fug und Recht mich mit einer neuen Kunst des Daseins anzufreunden.

In einem Weihnachtslied heißt es vom Christkind:

> Seht, er liegt in seiner Krippen,
> ruft zu sich, dich und mich,
> spricht mit süßen Lippen:
> Lasset fahrn, o liebe Brüder,
> was euch fehlt, was euch quält,
> ich bring alles wieder.

Aus den Zentren des Christentums: der Weihnachtsgeschichte kommt uns von dem liegenden Gott die Botschaft von Urvertrauen und Gelassenheit entgegen:

»Lass fahren dahin!« – »Ich bring alles wieder.« Nicht unsere Standhaftigkeit rettet die Welt, sondern auch das Liegen-Lassen von Dingen und von uns selbst. Das Kind in der Krippe und der alte Mensch sind darin wieder eins.

Umgang mit unserer Lebensgeschichte

Zu den Dingen der Jugend, die aufgegeben werden sollten gehört eine bestimmte Form von Unterdrückung oder Beherrschung der Gefühle. Wir können dies auch als Verdrängungen bezeichnen.

Zur Kultur der Kriegs- und Nachkriegsjahre gehörte, dass ein Junge nicht weint, und dieses Klischee hatte weitreichende Folgen: das, was erlitten war, das was traumatisch erlebt war, gehörte nicht in die Öffentlichkeit und nicht an die Oberfläche. Darüber wurde nicht gesprochen, das wurde nicht erzählt. Man verbarg bzw. verdrängte peinliches Erleben. Natürlich ist auch heute Verdrängung notwendig, um den Alltag zu bestehen. Sie muss geübt und geleistet werden. Doch hier geht es um unsere Lebensgeschichte, die zu uns, unserem Körper, unserer Seele und unserem Geist gehört. Doch bis heute noch gilt in vielen Kreisen, was die Ärztin und Psychotherapeutin Mechthild Kütemeyer so ausdrückt: »Wir sollen mit glatten Gesichtern gut geschminkt, gebräunt durch Kunstsonne durch die Gegend laufen und möglichst nicht die Stirn runzeln und nicht zeigen, dass gestern Abend etwas Schlimmes passiert ist und dass wir es so lange mit uns herumtragen.«

In einer bürgerlichen Gesellschaft gehörte es sich lange nicht, über Kindheitstraumata zu sprechen. In der deutschen Nachkriegsgeschichte verbot es sich darüber hinaus, Kriegserfahrungen als persönliche Leidenserfahrungen preiszugeben. Eine ganze Generation hatte zu schweigen gelernt. In einer politisch korrekten Gesellschaft und Kirche gab es und gibt es bis heute ein Tabu, über Vertriebenenerfahrungen, Vergewaltigungen, Nazivergangenheit, Verlust der Heimat offen zu sprechen.

Zu den Dingen der Jugend einer heute älteren Generation gehört für mich, die erlernten und internalisierten Verdrängungen aufzugeben.

Natürlich war solche Verdrängung auch Lebenshilfe, sich in einer neu aufbauenden und vergessenden Gesellschaft zu behaupten. Doch irgendwann im Leben kommt der Zeitpunkt, wo das Gewaltsame und Unnatürliche solchen Verhaltens aufgedeckt werden muss.

Ein Beispiel, wie wichtig und befreiend das sein kann, ist für mich der Lebensbericht der Tübinger Theologin Katharina Elliger. In ihrem Buch: »Und tief in der Seele das Schweigen« beschreibt sie ihre Flucht aus Schlesien als Fünfzehnjährige, die erschreckende Ankunft im Westen und die Traumata, die ihre Familie erlitten hat.

Sie hat Jahre gebraucht, bis sie sich zu diesem Schritt entschlossen hat. Zur persönlichen Scheu kam die politische Angst, mit ihrer Lebens- und Leidensgeschichte zum einen die Vertriebenenverbände und rechte Parteien zu unterstützen. Erst das Drängen ihrer Kinder, die Ermutigung durch Freunde machten es möglich, dass sie »die Dinge der Jugend« aufgeben konnte.

Sie beschreibt, wie sie lebenslang »das kaum eingestandene Gefühl« hatte, »fremd und anders zu sein als andere«, auch wenn sie ein ganz normales Leben mit Familie, Haus und eigener Tätigkeit führte. Wie wichtig ihr soziale Normalität war, zeigt sich darin, dass sie auf die Frage ihrer Herkunft stets das Münsterland, ihre Fluchtheimat, angab und sich der eigenen Herkunft schämte!

Das überwältigende Echo auf das Buch zeigt, wie stark das Bedürfnis ist, die eigene Geschichte ohne alle Tabus und Verdrängungen aufzudecken, dem Fremdsein einen Namen zu geben und das Eigene wieder zu spüren versuchen.

Zu solchen literarischen Befreiungsversuchen aus einer genormten Gesellschaft gehören auch Bücher wie Wiebke Bruns Entdeckung ihres Nazi-Vaters, Viola Roggenkamps Bewusstwerden ihrer jüdischen Familie.

Sie alle geben »die Dinge der Jugend auf«, in denen sie wie selbstverständlich gelebt hatten, und beginnen sich neu zu orientieren, und das geschieht selten ohne Schmerzen und Brüche.

Welche katastrophalen Folgen solche nicht ausgesprochenen Verdrängungen haben können, zeigen heute Psychosomatiker. Einer von ihnen, Radebold, meint, dass 30% der Geburtsjahrgänge von 1927 bis 1946 »mehrfach Beschädigte«, teilweise Traumatisierte sind. Das zeigt sich in Depressionen, diffusen Beschwerden, eingeschränkter Funktionsfähigkeit. Vielleicht hänge auch die Alzheimer-Krankheit mit verdrängten Kriegserfahrungen zusammen.

Die Ursache sieht er in der in der Jugend gelernten fehlenden Rücksichtnahme auf den Körper. »Hart wie Kruppstahl, zäh wie Leder, flink wie die Windhunde« sollte man sein. Härte gegen sich selbst und Sparsamkeit waren gefragt, und bis heute kämpfen viele noch in Altenheimen verbissen für eine Autonomie und Selbstbeherrschung, und es fällt ihnen schwer, Hilfsangebote anzunehmen. Viele haben sich mit einem Schutzpanzer umgeben.

Ein besonderes Gebiet sind die Vergewaltigungen, die Frauen in den Ostgebieten erlebt haben, die nie zur Sprache gekommen sind, bis der Erlebnisbericht einer »Anonyma« aus Berlin die Schleusen öffnen half. Die bis heute unbekannte Frau berichtet von ihren Erfahrungen mit Russen, den Vergewaltigungen, die sie erlitt und zuließ, und zerriss den Vorhang von Schande und Scham, der 40 Jahre vor diesen Dramen gehangen hatte.

Die Frage ist für mich, wie können wir die Grazie in diesem Prozess, der so verheerend wiedererlebt werden kann, entdecken?

Wie kann es zu einer Heilung der Wunden kommen?

Für manche ist Schreiben, Bücherschreiben wie Katharina Elliger, Tagebuch führen, Gedichte machen eine Hilfe, das Erlebte zu verarbeiten. Erinnerung tut gut, Festhalten, was geschehen ist, und durch das Festhalten überhaupt verstehen lernen. »Es ist bekannt, dass die Wunden der Menschen, die Tagebuch schreiben, schneller verheilen« (Kütemeyer).

Für Fachleute ist übereinstimmend wichtig, dass Menschen beginnen, ihre Geschichten zu erzählen. Mechthild Kütemeyers Erfahrung ist, »dass alte Menschen ein ganz großes Bedürfnis haben, ihr Leiden zu erzählen«, z. T. ganz weit zurückliegende Kriegsleiden. »Das wollte nach dem Krieg niemand wissen. Wenn die alten Menschen erzählen dürfen, dann geht es ihnen plötzlich auch körperlich viel besser. Wenn sie Redeverbot haben, wie es die vergangenen Jahrzehnte war, dann kriegen sie Schmerzen, und den Raum, den sie zum Erzählen hätten, den füllen sie mit Quengeln über den Schmerz aus.«

Der Nervenarzt Radebold schlägt vor, dass Altenpflegekräfte ein zeitgeschichtliches Training bekommen sollten, und schreibt: »Es wäre bei der Aufnahme in ein Heim eine Kleinigkeit, neben den Namen der Angehörigen und einzelner Lebensstationen auch Kriegserlebnisse wie Flucht, Vertreibung oder Ausbombung zu erfahren. Das würde helfen, einschätzen zu können, warum einer auffällig, depressiv, ängstlich oder aggressiv reagiert. Jemand, der zuhört, kann eine große Hilfe sein.«

Erzählen dürfen kann die Abwehrkräfte des Abwehrens und Verdrängens demobilisieren und kann Trauer nachholen. Es kann Sterben erleichtern, und es kann ein paar Jahre ohne Kummer, Verzweiflung und schreckliche Träume ermöglichen.

Nicht-Erinnern, Nicht-reden-Dürfen – das ruft eine innere Lähmung hervor. Die gelöste Trauer ist schließlich eine, die gut tut, die aber meist nur durch das Erzählen der eigenen Geschichte möglich wird. Der Körper kann so schmerzfreier werden. Eine neue Leichtigkeit wird spürbar. Wo es gelingt, die Verdrängungen aufzugeben, kann Gnade, Grazie, Erleichterung Platz finden.

Es gibt auch eine politische Dimension dieses Prozesses: wer sein eigenes Leiden zulassen kann, der wird auch neu offen für anderes Leiden.

Kriegserlebnisse sind allerdings nicht die einzigen Traumata, die durch Erzählen erleichtert werden, auch wenn sie in unserer deutschen Geschichte besonders belastend und besonders weggeschoben worden sind. Es gibt auch belastende Familiengeschichten, die ebenso dramatisch versenkt worden sind. Es gibt aus der jüngeren deutschen Geschichte das »Verbitterungstrauma«, das viele ehemalige DDR-Bürger belastet, die sich und ihre Erfahrungen nicht anerkannt finden. Und es gibt in gegenwärtigen Krisenherden überall in der Welt, z. B. im Balkan, unausgesprochene menschliche Konflikte, die nach therapeutischen Lösungen schreien.

Doch wir sollten uns nicht täuschen: die »Dinge der Jugend« aufzugeben ist ein ambivalenter Prozess: Es heißt, den Schmerz zuzulassen, sich oft leer und unbehaust zu fühlen, ohne schon das Befreiende und die neue Leichtigkeit des Seins zu spüren.

Auch unter Christen und Christinnen ist nicht immer Bereitschaft für Leidensgeschichten da. Im Eifer, das Helfersyndrom zu entfalten, kann alle Offenheit wieder zugeschüttet und »Versöhnung« allzu schnell anvisiert werden. Die Kultur des Zuhörens, sich selbst und anderen ist eine Kunst, die auch in der Kirche lange vergessen war, die aber zu unser aller Lebenskunst werden sollte.

Härte, Verdrängungen, Sparsamkeit mit Gefühlen sind für mich »Dinge der Jugend«, die wir aufgeben können.

Altern mit Gott

Gehören zu den »Dingen der Jugend« auch Gottesbilder und Gotteserfahrungen? Stellen wir auch sie in Frage, haben wir sie aufgegeben, oder halten wir sie besonders fest?

Ich meine, dass es in diesem Bereich sehr unterschiedliche Erfahrungen gibt. Für manche ist das frühe – oft mütterlich-vermittelte Gottesbild – entscheidend fürs Leben und gerade auch für spätere Jahre. Alle späteren erlernten Vorstellungen, Dogmen, Symbole, die sich darüber gelagert haben, lösen sich auf. Zurück bleibt ein Urvertrauen, das sich auch an die frühen Mutter- und Vatererfahrungen ankoppelt.

Doch es gibt auch andere Erfahrungen:

So schreibt die ehemalige Studienleiterin von Bad Boll, Ruth Habermann:

»Als Studentin und Vikarin hing ein Zitat von Therese von Avila über meinem Schreibtisch: ›Gott hat keine anderen Hände als unsere Hände.‹« Dies war auch einer der Kernsätze feministischer Gotteserkenntnisse. Aber sie fährt fort: »Heute ist mir das zu wenig. Es ist wahr: Gott tritt mir in allen Gestalten der Armut, die auf der Welt existieren, entgegen und wartet auf meine Hände und auf meine Tat. Aber so wahr das ist: ich behaupte und verlange es, dass Gott alle Wunden heilen und alle Toten auferwecken wird … Ich meine den Gott des Erbarmens, des Rechts, der Stärke, der die Tyrannen stürzt und die Toten auferweckt. Ich meine den, der größer ist als unser Herz und unsere Hand.«

Hier hat sich ein Wandel vollzogen. Die Lust und die Fähigkeit zur eigenen Tat tritt zurück vor der Erkenntnis der eigenen Ohnmacht und dem Vertrauen in die Macht Gottes.

Doch in den letzten Jahrzehnten hat es auch sehr viele schrille, empörte Aussagen über den Gott der Jugend gegeben. Opfer- und Kreuzestheologie haben viele – vor allem Frauen – als Kreuzigung und Vernichtung ihrer Person empfunden. Auf der Suche nach Identität fanden sie eine Fülle männlicher – herrlicher – Gottesbilder, aber wenig, was sie als Frauen in ihrer Existenz ansprach.

Wir müssen auch immer wieder kritisch fragen, wie viel Dynamik, Jugendlichkeit, Männlichkeit mit dem traditionellen Gottesbild und den ihm entsprechenden Glaubensformen vermittelt worden ist. Auch die Bibel ist nicht frei vom Jugendwahn, und ihre Botschaft lautet immer wieder unzweideutig: »dass du wieder jung wirst wie ein Adler«. Den Alten wird zwar Ehrfurcht zugestanden, aber ein junger männlicher Jesus, paulinische Sportsbilder als Ausdruck für Glaubensaussagen zeigen eher Identifikationsmöglichkeiten für junge Männer.

Erst spät sind die auch vorhandenen Bilder vom Gebären Gottes, von Wehen, Schwangerschaft, Haushalt und Erziehung ins Gottesbild zurückgekehrt. Doch Liturgie und Kirchenlieder sind noch wenig davon geprägt.

Der Weg vieler Frauen führte hinaus aus dem Christentum, auf die Suche nach eigenen spirituellen Traditionen in andern Religionen, aber schließlich auch zur Aufdeckung einer lange unbekannt gebliebenen weiblichen jüdisch-christlichen Kultur. Für manche war es Gott, der sowohl Vater als auch Mutter ist. Für andere war die ursprüngliche Mütterlichkeit auch eines männlich verstandenen Gottes der Ansatz zu einem neuen religiösen Verständnis. Für einen Großteil der kritischen Frauen wurde schließlich die Weisheitstheologie mit der göttlichen Gestalt der Weisheit, die Menschen an ihren Tisch einlädt, sie zu Freunden und Freundinnen macht, der Schlüssel für ein neues weibliches Selbstverständnis. Aus dem Gott der Jugend wurde die Gottweisheit der reifen Jahre.

Doch auch eine junge frauenbewusste Generation wird älter und beginnt nach Leitbildern fürs Älterwerden zu fragen. Können wir uns aber Gott als alte Frau vorstellen?

Schon vor vielen Jahren stellte die Italienerin Oriana Fallaci die skeptische Frage, warum man sich denn nicht Gott als schönes junges Mädchen oder gar als alte Frau vorstellen könnte. Gott im Bild der Geliebten ist inzwischen bekannt (Hohes Lied!). Doch von Gott als alter Frau zu sprechen, an sie zu glauben, von ihr Vertrauen und Lebenshilfe zu bekommen – da liegen gravierende Schwierigkeiten. Ein weißhaariger Gottvater ist all-präsent in der mittelalterlichen Kunst. Eine weißhaarige Gottgroßmutter, die vielleicht auch nicht mehr einen Hausstand wie die Weisheit hat, die nicht mehr fähig ist, auf die Straße zu gehen, Festessen zu organisieren – das sind zunächst unvertraute Vorstellungen.

Wenn wir jetzt beginnen, Charme, Größe und Möglichkeit des Alterns wiederzuentdecken, dann sollten wir auch über Gott als alte Frau nachdenken.

In der letzten Zeit sind mir einige Bilder von Gott als alter Frau begegnet. Was sagen sie aus?

Helfen sie uns beim eigenen Altern?

Decken sie sich mit traditionellen Gottesbildern oder gehen sie darüber hinaus?

Gemeinsam ist allen, dass sie um dieses Gottsein keine heile, romantische Welt zeichnen. Gott ist keine freundlich abgehobene Alte, sondern eine Frau, die durch alle Probleme eines weiblichen Lebens gegangen ist mit seinen Enttäuschungen, Einsamkeiten, Leistungen, Einsichten und Erkenntnissen. Nie strahlt sie eine abgehobene Weisheit aus, aber ein aus den Erfahrungen des Lebens gezogenes Wissen, das kein männliches Gottesbild vermitteln könnte.

Eine sächsische Pfarrerin hat die Vision von Gott als alter Frau, die einsam in rauen Bergen lebt, aber nie allein ist. Zu ihr kommen Menschen unterschiedlichster Art und erleben mir ihr eine Gemeinschaft, die sich aus nie erfüllten Abendmahlsvorstellungen speist. Nicht Brot und Wein und Vergebung der Sünden sind entscheidend, sondern die Teilnehmenden, die ihr Leben erzählen, die Gaben mitbringen, die mit einem persönlichen Wort ins Leben hinausbegleitet werden.

Eine Vision vielleicht vom eigenen Alter, aber auch eine Vision einer lebensnahen Kirchengemeinschaft. Das aus Märchen vertraute Bild einer weisen Alten in unwirtlicher Gegend zeigt etwas von der Realität des Alters: Einsamkeit und Zurückgezogenheit, äußere Dürftigkeit. Doch es zeigt auch den Charme solchen Daseins. Aufgeschlossenheit, Freude an Kommunikation, Weisheit des eigenen Lebens weiterzugeben. Es zeigt, wie Kirche sein könnte, wenn weibliche Weisheit ihr Gesicht prägen könnte.

Ein anderes Bild von Gott als alter Frau entdeckt eine Enkelin im altersfleckigen Gesicht ihrer Großmutter wieder. Es ist die Liebe und bedingungslose Annahme, auch wenn Großmutter und Enkelin sich kaum gekannt haben – eine Liebe, die allem vorausläuft. Die hat die amerikanische Theologin Rita Nakashima Brock weder in ihrem Elternhaus mit einem prügelndem Vater noch in der Theologie mit einer als lebensfeindlich verstandenen Kreuzestheologie erlebt. In der warmen Herzlichkeit ihrer puertorikanischen Großmutter, die sie erst spät kennen lernt und deren Zugewandtheit sie in den vielen Fotos, die den Spiegel der Großmutter umgeben, erkennt, sieht sie eine göttliche Gegenwart, die von Anbeginn war, auch wenn wir sie niemals gesehen haben, und die will, dass es uns gut geht. Ein Gottesbild vom weiblichen Alter, das aus den Erfahrungen eines verletzten Lebens kommt. Ein Gottesbild, das anderes ausstrahlt als die zweifelhaft gewordene Elternliebe.

Und noch ein drittes Bild von Gott als alter Frau, das am stärksten die Realität und den Charme des Alters spüren lässt. Es stammt von einer New Yorker Rabbinerin, Margaret Moers Wenig.

> Sie bewegt sich jetzt langsam. Sie kann nicht aufrecht stehen. Ihr Haar ist schütter. Ihr Gesicht von Falten durchzogen. Ihr Lächeln nicht länger unschuldig. Ihre Stimme ist rau. Ihre Augen ermüden. Das Hören strengt sie oft an … Und doch – sie erinnert sich an alles.

Sie sitzt am Küchentisch, schenkt Tee ein und ist nun auch nicht mehr nur die einsame alte Frau, sondern eine Weltenmutter, die das Buch der Erinnerung aufschlägt und die Kinder erinnern lässt. Neben dem Bewundernswerten: den Errungenschaften, der Musik, die geschrieben ist, den Gärten, die gepflanzt wurden, den Wolkenkratzern, die gebaut wurden, den Ideen, die gesponnen wurden, steht auch das Abgründige, Dinge, die am liebsten vergessen sein sollten: Kinder, die das Heim zerstören, das sie ihnen geschaffen hat, Brüder, die einander in Ketten legen, Kinder, die durch Krieg, Hunger, Erdbeben, Unfall, Krankheit und Selbstmord starben. Die eigene Unfähigkeit, solche Dinge zu stoppen.

Aber die Weltenmutter ist dann zugleich auch die Mutter, wie sie realistisch in unserer Gesellschaft erlebt wird. Sie sehnt sich nach ihren Kindern, möchte sie sehen, ruft aber nicht an, aus Angst, dass die Kinder »nein« sagen könnten. Sie kennt die Ausreden: wir sind so beschäftigt, aber heute Abend können wir einfach nicht. Zu viel zu tun. Zu viel Verantwortung. Zugleich hat sie Schuldgefühle, den Kindern früher nicht alles gegeben zu haben.

> Sie sieht uns, als wir jung waren und dachten, dass es nichts gäbe, das wir nicht tun könnten.
>
> Sie sieht uns auch in unseren mittleren Jahren, als unsere Kräfte unbegrenzt schienen. Als wir den Haushalt versorgten, kochten, putzten, Kinder hüteten, arbeiteten und ehrenamtlich tätig waren … als alle uns brauchten und wir kaum Zeit zum Schlafen fanden.
>
> Und Gott sieht uns in unseren späteren Jahren, als wir uns nicht mehr so gebraucht fühlten, als chaotische Zustände den Rhythmus unseres Körpers durcheinander brachten, auf den wir gelernt hatten, uns zu verlassen. Sie sieht uns allein in einem Zimmer schlafen, in dem einst zwei geschlafen hatten.
>
> Gott sieht Ereignisse unseres Lebens, die wir vergessen haben, und solche, von denen wir noch nichts wissen. Denn nichts ist dem Blick Gottes verborgen.

Das Faszinierende an dieser Schilderung der alten Frau – Gott – ist, dass sie nicht wie viele Altersreflexionen mit dem Rat endet, das gehabte Leben anzunehmen mit Bösem und Gutem, sondern im Alterungsprozess etwas Neues entdeckt, sogar Neugier. »Werde älter, zusammen mit mir«, lässt die Rabbinerin Gott sagen.

> Gott nimmt unser Gesicht in ihre beiden Hände und flüstert: ›Hab' keine Angst, ich will treu zu dem Versprechen stehen, das ich dir gab, als du jung warst. Ich werde bei dir sein. Noch im hohen Alter werde ich bei dir sein und dich halten, wenn du grauhaarig bist. Ich habe dich geboren, ich trug dich, ich halte dich fest. Werde alt mit mir …‹
>
> Unsere Angst vor der Zukunft ist nun gedämpft durch Neugier. Das Universum ist unendlich und noch immer voll unbegrenzter Möglichkeiten. Obwohl die Sonne auf- und untergeht wie am Tag zuvor, gleicht kein Tag dem anderen. Und jeden neuen Tag dürfen wir mit der erwartungsvollen Neugier begrüßen: Was werde ich heute lernen, was erfinden? Was werde ich heute wahrnehmen, das ich nie zuvor sah? … Ihr Gesicht, von der Zeit gezeichnet, erscheint uns nun nicht mehr gebrechlich, sondern weise. Denn wir begreifen, dass Gott um die Dinge weiß, die nur die Zeit zu lehren vermag: dass es möglich ist, den Verlust einer Liebe zu überleben, sich sicher zu fühlen inmitten einer sich ständig verändernden Welt, in Würde leben zu können, auch wenn jeder Knochen schmerzt.

Nach einer langen, von männlichen Gottesvorstellungen dominierten Tradition taucht hier ein einzigartiges Bild von Gott als alter Frau auf. Die Dinge der Jugend, die Bilder der Vergangenheit sind beiseite gestellt. Das Bild zeigt die Realität, die Schwere, das Gelungene und die Enttäuschungen des Alters, aber es lässt darin die Grazie einer neuen Freiheit und einer die Welt anders entdeckenden Neugier aufscheinen. »Was werde ich heute wahrnehmen, was ich nie zuvor sah?« Es ist kein Abgesang, eher ein Neubeginn von Leben.

Altern ist schwer und kann schwerfällig machen. Aber es gibt Wege, der Grazie, der Leichtigkeit des Seins eine Tür zu öffnen:

Im Umgang mit unserem Körper mit unserer Lebensgeschichte, mit unseren Gotteserfahrungen.

Und ich glaube es gibt auch Elemente, durch die ich dieser Leichtigkeit näher komme. Ich nenne nur einige:

Das Wasser,
Schwimmen,
Bewegung,
Tanz,
Wandern.

Und es gibt Orte, wo ich der Leichtigkeit näher bin als in den Routinen des Tages:

Feste,
Zimmer,
Häuser,
Gottesdienste.

Eins sollten wir aber wissen: die Grazie-Gnade geht uns voraus, und sie ist in uns und über uns und wartet, dass wir ihr Raum geben.

Langsamkeit

Schnelligkeit ist eine Devise unserer Zeit. Wir sind umgeben von Fast-Food-Restaurants, Schnellimbiss-Ketten. Schnell ist das Vehikel, das zum Erfolg führt: »Schneller, erfolgreicher«, »schlauer, schneller, unabhängiger« – das sind Werbeslogans, die neue Produkte, Wissensplattformen und Web-Kommunikation anbieten. Aber nicht nur der Berufsalltag ist davon betroffen. Auch die Freizeitangebote sind von Schnelligkeit besessen: Speed-Flirt am Abend in den Vorortzügen. Und die Kultur hat sich ebenfalls auf das Tempo eingelassen: die Schulzeit soll schneller beendet sein, und die Filmbilder rasen rücksichtslos schnell an einem vorbei. Schnellsein ist wichtig, normal und gesund.

Mit »Schnelligkeit« fließen wir im Strom der Zeit. Wer nicht mitmacht, wird zum Aussteiger. In einem Therapiebad war neulich die Strömungsanlage eingeschaltet, die alle Badbesucher in gleicher Schnelligkeit durch die Anlage trieb. Ich wusste das nicht und wollte das nicht und geriet zum Ärgernis, weil ich meinen eigenen Rhythmus und nicht in den mainstream wollte. So wird man zum Aussteiger.

Der Gegensatz zu Schnelligkeit scheint Langsamkeit zu sein. Wenigstens sehen das Anhänger von Schnelligkeit so. Doch es liegt wie ein gesellschaftliches Tabu über »Langsamkeit«, so dass man stattdessen auch schon von »Entschleunigung« spricht. »Ich habe generell ein Problem mit Langsamkeit«, schrieb kürzlich eine TV-Moderatorin. »Ich würde jederzeit vier Stunden Umleitung in Kauf nehmen, um eine Stunde im Stau zu vermeiden.« Kraft findet sie allein im Tempo, Lebensminderung in der Langsamkeit.

Langsamkeit wird hier nur als negativer Gegenbegriff verstanden. Was nicht schnell ist, ist eben langsam. Doch da liegt ein Irrtum vor. Sehr deutlich hat das kürzlich ein Bäcker klargemacht unter der Devise: »Langsam ist lecker.« Eigentlich brauche man ja nur Mehl, Hefe, Wasser und ein bisschen Salz zum Brötchen-Backen. Und: Zeit. Aber fertige Backmischungen ersetzen den Reifeprozess, den ein Teig braucht, und das Ergebnis ist: Es sieht luftig aus, schmeckt aber fad. »Slow-baking« dagegen ist eine Bewegung von Bäckern, die die Langsamkeit entdeckt haben: die Notwendigkeit von Gärungs-, Ruhe- und Reifungsprozessen des Teigs, die Brötchen gut schmecken lässt. Das Logo dieser Gruppe ist eine Schildkröte.

In diesem Handwerksprozess ist etwas Wesentliches der Langsamkeit entdeckt: Langsamkeit ist keine Negativ-Schablone der Schnelligkeit. Sie ist eine Bewegtheit, die auf verschiedenen Rhythmen basiert. Alles, was wir oft mit Langsamkeit assoziieren: Langeweile, unendliche Länge, unbegrenzt und ohne Ziel, Lahmheit fällt damit zusammen. Versuchen wir es einmal so zu sehen: wo etwas langsam ist, ist ein Prozess im Gange, keineswegs Stagnation oder Starrheit.

Die Entdeckung der Langsamkeit

Ende der achtziger Jahre entdeckte der Schriftsteller Sten Nadolny die Langsamkeit – mitten in einer sich beschleunigenden Gesellschaft – und beschrieb sie in einer romanhaften Biografie des Seefahrers und Nordpolforschers John Benjamin Franklin: »Die Entdeckung der Langsamkeit«. Schon der Schuljunge Franklin fällt durch eine seltsame Langsamkeit auf, konnte den Ball nicht fangen, sondern nur das Seil, über das der Ball fliegen sollte, fest und andauernd halten. »Tranfunzel« wird er genannt, gilt manchen als beschränkt und behindert, aber sein Lehrer erkennt hinter seiner scheinbaren »Begriffsstutzigkeit und Trägheit« nichts anderes, als »eine übergroße Sorgfalt des

Gehirns gegenüber Einzelheiten aller Art« und eine große Geduld. In dieser Sorgfalt denkt er, fühlt er und handelt er anders als die Schnellen. Seine Augen lassen sich nicht hetzen. Er sieht manche Befehle, ohne sie zu hören. Er wird Seemann, schließlich Kapitän und Forscher, möchte die Schnelligkeit lernen, lernt mit den Schnellen umzugehen und sie einzusetzen, ohne sich und seinen Rhythmus aufzugeben. Hinter seiner Langsamkeit steckt also ein anderes Sehen und Lernen, und das öffnet ihm den Blick für die Toleranz verschiedener Geschwindigkeiten. Die Utopien seines Lebens werden: der Kampf gegen unnötige Beschleunigungen, sanfte allmähliche Entdeckung der Welt und der Menschen, Maschinen und Einrichtungen, die dem Schutz der individuellen Zeit dienen, Reservate für Sorgfalt, Zärtlichkeit und Nachdenken.

Doch – und das ist die tragische Seite dieser Langsamkeitsgeschichte – noch ist die Zeit nicht reif. Es geht darum, »mit großer Würde auf der Stelle zu treten« und noch plötzliche Änderungen zu vermeiden. Franklin selbst stirbt mit seiner Mannschaft im Eis bei der Erforschung der Nordwestpassage. Es ist die Vision einer entschleunigten Zeit, einer Zeit des Neu-Sehens und Erkennens der unbekannten Welten und der unterschiedlichen Menschen. »Langsamkeit« ist nicht mehr als Negativbegriff verstanden. Sie ist ein Vorwurf in einer schnellen Welt, der aber gefüllt wird mit einem Humanismus, der noch Utopie ist. Ein Buch entstanden aus den Gesellschaftsaufbrüchen der achtziger Jahre, das deren humanistische Visionen bündelt, nicht resigniert, aber auch keine konkrete politische Hoffnung ausdrückt.

Warten

Spitzzüngig hatte sich schon in den siebziger Jahren die amerikanische Autorin Susan Griffin gegen Geschwindigkeitsfanatiker gewehrt. Im Blickfeld hat sie vor allem den Rennfahrer, in dessen Geschwindigkeit sie »unendliche Virilität« sieht. Nichts darf ihn verlangsamen. Sein Feind ist die Langsamkeit. Er lässt sich niemals Zeit. Die Zeit ist sein Henker: Er möchte die Erde nicht berühren. Reibung ist sein Feind, wie auch die Schwere sein Feind ist und der Tod der größte Feind. Falls er Kinder zeugt, erinnert er sich nicht an sie: auch Erinnerung gehört zu dem ihm Feindlichen. Kein Gedächtnis. Bewegung ist alles, was er weiß: nur wodurch er sich bewegt, weiß er nicht. Körper haben nur verwischte Konturen, allein die Linie zählt. Nur von der Zukunft will er träumen.

Griffin greift hier eine futuristische religiöse Moral auf, die die Moral der Geschwindigkeit »moral of speed« heißt und die die Menschen scheinbar vor dem Verfall bewahrt, der durch »Langsamkeit, Erinnerung, Analyse, Ruhe und Gewohnheit« bestimmt ist. Dagegen steht die durch verhundertfachte Geschwindigkeit erhöhte menschliche Energie, der Rausch, die Freude, sich mit der Gottheit zu verschmelzen.

In diesem Wahnsinnstraum gibt es eins nicht: das Warten. Denn der vom Geschwindigkeitsrausch Besessene nimmt sich alles. Alles ergibt sich ihm. Er wartet nie.

Dagegen setzt Griffin die Haltung des Wartens, die Haltung langsamen Erkennens, die Haltung, das Unerwartete zu sehen. Dafür steht für sie die Erfahrung der Schimpansenforscherin Jane Goodall, ihre jahrelange Beobachtung der Tiere, der Lernprozess, den sie dabei durchmacht und ihr langsames Annähern an die Tiere und das Vertrauen, das sie sich erwarb.

Wer nur acht Tage beobachtet, ist das Gegenbild des Rennfahrers. Hier sieht Griffin eine Lebensalternative. Wer wartet, erlebt auch Unerwartetes, erfährt Wunder, was der von Schnelligkeit Erfüllte in seinem linearen Traum nie erfahren kann.

Warten ist auch ein Kennzeichen des langsamen John

Franklin, der warten kann »wie eine Spinne« und für den die Schnellen nicht warten können, auch wenn sie es zuweilen müssen.

Warten ist eine Lebenskunst, die Prozesse sehen lässt und die mit etwas Unerwartetem belohnt werden kann. Warten heißt, sich Zeit lassen und darin dem Leben begegnen.

Schwangerschaft

Eine andere Erfahrung, in der solch Warten bestimmend ist, ist die Schwangerschaft, eine weibliche, Langsamkeit intensivierende Erfahrung. Zeitlich gesehen steht sie zur männlichen schnellen Zeugung in dramatischem Widerspruch. Warten ist hier nun alles andere als vertane Zeit. Warten hat ein Ziel, ist erfülltes Warten. Es unterscheidet sich auch deutlich vom sonstigen menschlichen Tun: dem Machen. Warten wird hier zum Erwarten und bekommt eine religiöse Dimension. Ohne diese Form der Langsamkeit wäre menschliches Leben nicht möglich.

Unter allen wichtigen Erfahrungen von Langsamkeit ist Schwangerschaft die zentrale, weil sie die Prozesse des Wachsens, des Reifens und der möglichen Erfüllung am deutlichsten zeigt.

Im Unterschied zu erworbenen Verhaltensweisen wie Geduld, Gelassenheit ist diese »Langsamkeit« tief in den Körper eingegangen und kann – außerhalb ungewöhnlicher Umstände – nicht aufgegeben werden. Die Schwangere ist deshalb ein Symbol der Hoffnung geworden. Hoffnung als Erfüllung, Vollendung einer Reifung.

Solche scheinbar nur biologische Erfahrung prägt auch vielfach das soziale Verhalten von Frauen – egal ob sie jemals schwanger waren oder nicht.

Diese Kenntnis von der Eigenart der Frau, durch den sie in den industriellen Mainstream des Industriezeitalters, in den linearen, berechenbaren Zeitablauf nicht verlässlich eingegliedert werden kann, hat einmal alle möglichen Fantasien von künstlicher Kinderaufzucht hervorgebracht!

Langsamkeit als Lebenskunst

Langsamkeit ist bisher kein Thema der Theologie gewesen. Im Gegenteil: es gibt eine Menge eiliger Heiliger wie z. B. Paulus, der durch die Welt hastet und der gern Sportsbilder für den Glaubenslauf benutzt.

Ein eindrückliches Bild von Gottes Langsamkeit findet sich jedoch in den Vorstellungen der Rabbinerin von Gott als alter Frau. »Sie bewegt sich jetzt langsam. Sie kann nicht aufrecht stehen.«

Diese alte Frau lebt in einer schnelllebigen Zeit, in der die Menschen schneller fliegen als die Winde. Sie ist eine Mutter von erwachsenen Kindern und zugleich Weltenmutter. Ihre Kinder haben kaum Zeit, sie zu besuchen: »Wir sind so beschäftigt …«

Doch dann findet eine Begegnung am Teetisch statt, ein Austausch an Ängsten, Erwartungen und Erinnerungen.

Und dabei verwandelt sich bei den Kindern die Sicht auf die Langsamkeit der alten Frau. Ihre Bewegungen erscheinen nun »nicht mehr langsam, sondern stark und bewusst, unähnlich den unseren. Wir sind zu beschäftigt…, um unter die Oberfläche zu sehen. Wir sprechen zu schnell, um wirklich zu hören … Wir bewegen uns zu rasch, um zu fühlen, was wir berühren. Wir bilden uns zu schnell eine Meinung, um ehrlich urteilen zu können …« Ihre oberflächliche Schnelligkeit wird den Kindern deutlich, und die Langsamkeit erscheint planvoll und sinnvoll, da sie alles sieht, was es zu sehen gibt, weil sie alles versteht, was sie hört, und alles berührt, was lebt. Die Sinnesorgane Augen, Ohren, Haut bekommen ihre eigentliche Bedeutung zurück. Das Älterwerden bekommt eine neue Perspektive. Die Langsamkeit verbindet sich mit der Faszination, neu sehen, hören und berühren zu können.

Spätestens hier wird deutlich, dass Langsamkeit nicht einfach Mangel an Vitalität und auch nicht einfach nur Ruhe, Gemächlichkeit und Genauigkeit ist, sondern ein Ziel in sich birgt:

Den Weg zum Nordpol, das Vertrauen der Tiere, das Kind, die Neugier, Neues zu erfahren.

Die Langsamkeit hat sich hier mit dem Altwerden zu einer neuen Lebenskunst der Sinne verbunden. Alter ist nicht mehr Griesgram und Zerfall, sondern hat göttliche Dimensionen, langsam, planvoll und stark zu sein.

Der langsam backende Bäcker mit dem Logo der Schildkröte, der Nordpolfahrer Franklin, die Schimpansenforscherin Goodall, die Schwangere und das Gottesbild der Rabbinerin – sie alle verbindet das Gleiche: die Entdeckung der Langsamkeit als Lebenskultur. Die ist weder alters- noch geschlechtsspezifisch, auch wenn ihr Rhythmus Frauen häufiger entspricht. Sie ist kein Modell von Langatmigkeit, eher ein Prozess von Leben, der sich dem oberflächlichen Blick entzieht. In ihm wachen die Sinne auf, und Erkenntnis bleibt nicht kognitiv, sondern sinnenhaft.

Gelassenheit und Geduld sind dabei keine mühselig zu erlernenden Verhaltensweisen, sondern werden kreative Wege, Leben zu erfahren und an ihm teilzunehmen. Ein sinnvolles Geschehen, das einlädt, die eigene Zeit auf eigene Weise zu gestalten.

Wir alle haben eine Lebenszeit, eine Eigenzeit, die wir mit eigenem Rhythmus erfüllen können. Gefordert werden wir oft zur Schnelligkeit. Langsamkeit muss immer wieder eingeübt und behauptet werden, die aber ein Ziel hat und irgendwann mit Reife belohnt wird, und in der Erfüllung sein kann.

»Ein Freund ist jemand, der dich gern hat«

»Ein Freund ist jemand, der dich gern hat«, so beginnt ein englisches Kindergedicht. Gern haben – was für ein leichtes und verheißungsvolles Wort. Ein Raum tut sich auf, in dem ich atmen, leben, Ich sagen kann. Ein Raum ohne Zweckbestimmtheit, ohne Begrenzungen, nicht von Interessen bestimmt: »Du stellst meine Füße auf weiten Raum.«

Wie anders klänge es, wenn der Vers hieße: »Ein Freund ist jemand, der dich liebt!« Da spürt man schnell etwas, was einen vereinnahmen könnte. Da liegt Anspruch, Intimität und auch etwas Bedrängendes drin. Und von mir wird Reaktion gefordert: Gegenliebe, und die kann auch umschlagen in Abwehr. Ich kann nicht gleichgültig bleiben.

Wer mich gern hat, dem bin ich zunächst zu nichts verpflichtet. Ich kann den Kopf erheben. Ich kann eigenständig sein. Ich werde ein Stück bewundert, und es bleibt eine heilsame Distanz. Ein Freund, der mich gern hat, lässt mich aufblühen zu mir selbst.

Aber was ist ein Freund, eine Freundin? Es gibt Geschäftsfreunde, Herzensfreundinnen, Freunde fürs Leben, Sportsfreunde. Jeder hat eine andere Funktion. »Did you make friends?« fragte unser amerikanischer Nachbar, der aus Australien frisch zugewandert war, abends seine Kinder. Freunde – das waren für ihn Beziehungen fürs Leben, das war das Leben selbst – hier in einem fremden Land.

Der englische Kindertext sieht das weiter: Freunde haben keine Zwecke. Ein Baum, der Wind, die Katze, der Bach, der Hund können Freunde sein. Sie trösten, streicheln einen, lassen einen nicht allein. Es sind die guten Mächte, die einen bergen, und das ist mehr, als alle sozialen Kontakte vermögen.

Mir ist das Gedicht wichtig für das Verständnis der Jesusfreundschaft und der Gottesfreundschaft. Sie erscheinen in der Bibel mehr am Rand, aber haben eine wichtige Bedeutung zu allen Zeiten christlich-jüdischer Geschichte. In der Exilszeit entstanden Freundschaftsvorstellungen unter ägyptischem Einfluss in den Weisheitstexten, im Johannesevangelium gibt es zwei markante Stellen (11,11; 15,13.14), in der mittelalterlichen Mystik, vor allem der Frauenmystik lebte sie auf, und in der Renaissance, in der Neuzeit und bis in die Gegenwart kehrten vor allem Frauen immer wieder zu mystischen Freundschaftsbildern zurück. Das gab Stabilität gegenüber herrschaftlichen Gottesbildern, gegenüber kirchlichen, geistlichen und weltlichen Herren. Das schuf eine wunderbare Widerständigkeit und Geborgenheit. Gott ist Freund des Lebens und Abrahams und Moses Freund. Jesu Freunde sind Lazarus, die Frauen, die Zöllner und Sünder, und sogar Judas wird als »Freund« angeredet (Mt 26,50).

Freunde sind meist die Kleinen, die keine Herrschaft haben, die Abhängigen, die Frauen, die jenseits der Machtstrukturen leben, denen im Kontrast zu Gewalthabern der Titel »Gottesfreunde« zukommt. Für ihr Recht und ihre Anerkennung lebt und stirbt schließlich Jesus. »Wer hat größere Liebe als die, dass er sein Leben lässt für seine Freunde« (Joh 15,13). In Jesus, dem Freund, steckt für alle Zeiten ein Aufbruchssignal, heraus aus der Bedrängnis, fort ins Weite, und nichts darf dabei aufhalten.

Jesus der Freund

Doch wer ist Jesus? Traditionell ist er in Kirchen und Theologien als Erlöser, Sohn Gottes, Heiland, Messias bekannt. Frauen haben seiner Männlichkeit und seiner Einzigartigkeit misstraut und ihn in Wunschbilder (Christophanien) aufgelöst. Für Alternative ist er der Rebell oder der Befreier, und manche entdecken ihn – wie die Dichterin Ricarda Huch – als Ganzmacher oder – wie Hannah Arendt – als Geborenen, der uns unser Geborensein wieder ins Bewusstsein bringt. Doch in all diesen Bildern steckt für mich das Bild des Freundes, das alle klerikalen, herrlichen und politischen Ansprüche hinter sich lassen kann.

Die katholisch bigotte Großmutter in Ulla Hahns Roman: »Das unsichtbare Wort« lässt ihre Enkelin auf die Demo gehen – in Erinnerung an den Jesus, der auch etwas Rebellisches an sich hatte.

Sophie Scholls Mutter sagt der zum Tode verurteilten Tochter: »Gell Jesus, Sophie!« und die antwortet – dem wohl authentischen Film nach – fast ungeduldig und wie selbstverständlich: »Ja, Mutter!«

Freundschaft heißt nicht Nachfolge, die so oft missverstandene moralische Nachahmung des Lebens Jesu. Sie hat auch nicht viel zu tun mit der hocherotischen Leidenschaft der Jüngerinnen in »Jesus Christ Superstar« und wenig mit dem verbissenen Revoluzzertum, das in seinem Namen eine neue Gesellschaft erstellen will. Eher findet sie ihren Ausdruck in der Lyrik Paul Gerhardts, der Sicherheit und Widerständigkeit, Souveränität und Geborgenheit in seinen Liedern auszudrücken wusste:

> Tobe Welt und springe,
> ich steh hier und singe
> in gar sichrer Ruh.

Er war für Jesus der »Gesell«, ein altes Wort für Freund:

> Ich hang und bleib auch hangen an Christus als ein Glied.
> Wo mein Haupt durch ist gangen da nimmt er mich auch mit.

Er reisset durch den Tod, durch Welt, durch Sünd
und Not.
Er reisset durch die Höll, ich bin stets sein Gesell.

Doch widerspricht nicht unser Verständnis von Gott, dem ganz Anderen, unserm Gefühl von Freundschaft gleicher Seelen? Sind Gott und Mensch nicht absolut ungleich, und erniedrigen wir nicht Gott und überfordern uns selbst mit Freundschaftsbildern?

Gewiss, das Bild der Freundschaft ist ein Versuch, die Nähe, die Gott anbietet, in eigenen Erfahrungen auszudrücken. Doch die Differenz zwischen den Partnern ist kein Problem für eine Freundschaft. Im Gegenteil: der Reiz und die Farbigkeit einer Freundschaft ist die Verschiedenheit. Beziehungen an gleichen Orten, in ähnlicher Situation, zwischen Gleichstarken kann auf Dauer ermüdend sein. Herausfordernd ist es, unterschiedlich sich zu erleben, Fremdheit zu ertragen und darin Lust und Reiz zu entdecken.

Die Jesus-Frauengeschichten im Neuen Testament sind dafür ein eindrückliches Beispiel: Jesus ist keineswegs immer die allwissende Gottheit. Er ist ein Mensch, er irrt, dass er nur für sein eigenes Volk da ist, und muss von der syrophönizischen Frau erst eines Besseren belehrt werden. Und nur die unbekannte Frau im Markusevangelium, die ihn zum König und zum Tod salbt, bereitet ihn auf seinen letzten Weg vor. Freundschaften, die er braucht, und die er nicht allein gewährt. Freundschaften, ohne die sein Leben nicht zu denken ist. Freundschaften, die uns zu Freundschaften ermutigen, Angst vor Fremdheit abzubauen und Lust an Neuem zu erleben.

Doch zu echter Freundschaft gehört auch Trennungsschmerz: sich nicht mehr verstehen können, Stummheit, wenn man den andern, die andere braucht, Schweigen, lautstarker Streit und Verletzungen. All dies gibt es auch in der Gottesfreundschaft. Reden, Beten und nicht erhört werden, einsam sein, und keiner sucht nach einem. Aber hier wie dort kann es auch immer Neuanfang geben, nach Erfahrungen, die reifer, gelassener machen. Aber es kann auch ein Ende geben, das uns ins Nichts, in die Leere und Vereinsamung zurückstößt. Freundschaft ist kein hochgehängtes Ideal, eher ein Bild unserer Menschlichkeit mit ihren Hoffnungen und Brüchen.

Die größte Herausforderung und der tiefste Sinn von Freundschaft liegt für mich in dem Satz, den ich irgendwo fand: »Der ist ein Freund, der einem, wenn man Unrecht hat, zur Seite steht.« Wir kennen alle die guten Freunde mit ihren Ratschlägen, die uns aus einem Loch heraushelfen wollen, die die Situation rationalisieren, in der wir gerade scheitern, und die nicht neben uns, sondern immer ein Stückchen über uns stehen. Sie sind wie die Freunde des unglücklichen Hiob, die scheinbar so fromm, so richtig und letztlich so gottlos reden.

Es passt in unsere korrekte Gesellschaft, solche korrekten Freundesdienste zu tun. Doch sie bleiben leblos, gehen am Leben und an einem Menschen im Abgrund vorbei. Dem nahe zu sein, gegen alle Vernunft, schafft eine Insel des Angenommenseins. Einen zu verstehen suchen, der sich selbst nicht mehr versteht, ist ein absurder Akt und – eine Liebestat. Das Gernhaben eines Freundes geht dabei hinüber ins Lieben, diese bedingungslose Annahme, mit der eine Mutter ihr Kind umfasst, wie immer es auch aussieht, oder wie Gott es tut, der – wie es die Theologie sagt – die Sünder liebt. Freundsein ist die Geburtshilfe zu neuem Leben, einem Leben, das sonst hilflos, todgeweiht, sinnlos erscheint.

Wenn Jesus im Johannesevangelium sagt, dass niemand größere Liebc hat als der, der sein Leben lässt für seine Freunde, dann hat er den tiefsten Sinn von Freundschaft erfasst und seinen Tod, der soviel Missverständnisse hervorgerufen hat, damit gedeutet.

Solche heilenden und verwandelnden Grenzerfahrungen haben aber letztlich ihren Sitz im Leben im Alltag. Freunde holt man in die Küche, nicht ins Wohnzimmer – heißt es schon bei Brecht. In der Jesusgeschichte sind es die Mahlzeiten, zu denen der Freund die Außenseiter einlädt, nicht nur um sie satt zu machen, vielmehr auch, ihnen Wohlsein, Genuss und Gemeinschaft zu vermitteln, und sie zu Freunden zu machen. In unserem Alltag ist es der überraschend freundliche Blick, ein unerwarteter Satz, das Begegnen mit etwas Fremden, das dann doch das Eigene wird, der eigene Schritt, sich dem Ungewohnten zu nähern. Eine Berührung und die leibhafte Erfahrung: Ich bin Ich, und Ich bin richtig. Eine Rückkehr ins Leben aus Einsamkeit und Schuldgefühlen, und aus der Freundschaften und Freundlichkeiten wachsen können, Proteste gegen alle Versteinerungen.

Jesus-Freundschaft ist ein Paradigma von Einsamkeit, Erwartung, Enttäuschung und Erfüllung, aber zugleich ein Paradigma von Leben, in dem ich erfahren kann: »Ein Freund ist jemand, der dich gern hat.«

»Es ist gut zu leben« (Erich Fromm)

»Ich kann nicht mehr an Gott den Vater glauben« – mit diesem Satz erschreckte mich in den 1970er Jahren in den USA eine Studentin. Sie hatte in der Mittagszeit an meine Tür geklopft und stand da, hilflos und ratlos. Und ich war ebenso hilflos und ratlos. Mich interessiert, was im Christentum mit den Frauen geschieht, aber dass Gott als Vater dafür ins Spiel gebacht wurde, das war mir in dieser persönlichen Schärfe noch nicht begegnet. Doch als ich nach Deutschland zurückkehrte, war das Vatersein Gottes in den Mittelpunkt vieler Frauendiskussionen geraten: Gott – der Urheber patriarchalen Rechts. Gott – die Ursache eigener erniedrigender Erfahrungen von Männerwillkür.

Ich schwieg lange dazu, weil ich nicht mitreden konnte. Mein eigener Vater war früh gestorben und hatte eher zärtliche als kränkende Erfahrungen hinterlassen. Lehrer hatte ich als väterliche Freunde erlebt. Mein Doktorvater hatte mir als einer der ersten Frauen zur theologischen Promotion verholfen, und mein eigener Ehemann war meinen Kindern ein interessierter Berater, Spielgefährte und Versorger. Aber ich begann, anderen Frauen zuzuhören: Geschichten aus scheinbar fremden und doch realen Welten. Von familiären und geistlichen Autoritäten und dem Schweigen und Leiden von Frauen. Solchen Lebenskontext in die Theologie einzubeziehen, ja, ihn zur Grundlage religiöser Erfahrungen zu machen, das hatte ich bisher nicht gelernt. Das war neu, und das drehte das eigene Weltbild und die Theologie selbst noch einmal um.

Aber auch neu von unten besehen barg die Theologie noch jede Menge Probleme, mit denen Frauen erst mal fertig werden mussten. Denn demnach hatten nicht nur Menschenkinder unter Vätern zu leiden gehabt, auch der

Gottessohn hatte ein ähnliches, ja schlimmeres Schicksal. So drängte es sich vielen aus der Kreuzesgeschichte auf, ein sadistischer Herr und ein masochistisches Opfer. Sadomasochismus wurde das Reizwort, das eine ganze Generation von Kirchenkritikern prägte und das Kreuz zum Symbol von Demütigung und Unterdrückung machte.

Mich machte diese oft einfältige und kenntnislose Diskussion unglücklich. Denn nicht nur Betroffene, sondern auch zunehmend Wohlstandskinder führten sie, die zudem auch keinerlei Erfahrungen mit Krieg und Leid gemacht hatten. Dabei rückte eine ziemlich späte Vorstellung aus dem Neuen Testament in den Vordergrund: der Sühnopfertod Jesu, in dem sich auch Frauengeschichte und Frauenleid widerspiegeln konnte. Der Kreuzestheologie wurde der Kampf angesagt, und da mein Mann als einer der Kronzeugen darin gesehen wurde, meinten einige, mich von diesem Unterdrücker befreien zu müssen.

Feminismus ade!, schrieb ich ärgerlich in mein Tagebuch. Aber einen Feminismus und eine feministische Theologie, wie ich sie verstand, die Frauen, Männern und Kindern zugute kam, wollte ich nicht aufgeben. Das waren alle theologischen Angriffe nicht wert. Ich suchte Wege zu mir selbst und Spuren anderen Denkens in der Theologie.

Eine Zeit lang bekam die Große Mutter einen bis dahin unbekannten Reiz. Sie war psychologisch interessant, zeigte die verborgenen Sehnsüchte und Abgründe auf. Religionsgeschichtlich war sie weit verbreitet. Die Parvatis, Quanyins, Nuts und die kretischen Schlangengöttinnen bekamen einen Platz in meinen Gefühlen und auf meinen Regalen. Die riesige Quanyin auf einem einsamen Feld in Taiwan nah der Küste, die den Fischern zur Heimkehr hilft, imponiert mir in ihrem machtvollen Dasein und in ihrer bedingungslosen Zugewandtheit bis heute. Doch es gab auch in ihnen Abgründiges, Verschlingendes, ebenso wie viele Frauenerfahrungen mit

Müttern nicht gerade die Muster für ein neues Gottesbild abgeben konnten. »Gott als Mutter – oh nein, wenn ich an meine eigene Mutter denke!«, hatte eine Frau einmal in Bad Boll entsetzt ausgerufen. Gott-Vater ließ sich nicht einfach durch eine Gott-Mutter ersetzen.

Aufregender wurde es zunächst, die eigenen Traditionen neu zu sehen. Gab es eine Weiblichkeit Gottes? Und was bedeutete sie?

Eine Vielzahl weiblicher Gottesbilder tauchte plötzlich auf: Gott als Hebamme, als Geliebte, als Bäckerin und Haushälterin. Aber auch als Gebärende und Stillende wurde sie gesehen. Bei Hosea heißt es kühn: »Gott ist kein Mann«, und es wird erzählt, dass Gott sein Kind an seine Brüste hält (Hosea 11).

Am eindrücklichsten für viele, auch für mich, wurde aber das Bild der Weisheit, einer göttlichen Gestalt, die ihren Tisch für alle deckt und sie einlädt: »Kommt her zu mir ...« Ein Modell bedingungsloser Liebe, das in der Jesusgeschichte wieder auftaucht. In der Weisheitstheologie wird die Heilsgeschichte neu erzählt. In ihr gibt es keinen Straf- und Drohapparat, und die Menschen werden darin zu Freunden und Freundinnen Gottes. Wer der Weisheit nicht folgt, katapultiert sich selbst ins Nichts.

Doch die neu entdeckte Weiblichkeit Gottes war keineswegs nur lieb und sanft. Gott konnte auch mit einer wütenden Bärin verglichen werden, der ihre Jungen geraubt wurden (Hosea 13,8). Gott ist Ausdruck von Leben, von vielfältigem, leidenschaftlichem Leben, das nicht auf Frausein oder Mannsein reduziert werden kann.

Aber aus dieser so neu erlebten Bibel stammt auch etwas, das wie eine versteinerte Altlast auf dem Boden der Kirche liegt: die Vorstellung vom Sühnopfertod Christi. Auch kritische Christinnen »schummeln sich drum rum«, wie neulich eine Frau klagte. In der Tat ist es ein sehr spät in das Neue Testament gekommener Gedanke, der ins Zentrum kirchlichen, vor allem liturgischen Denkens rückte und zu einem Albtraum für viele geworden ist. Christus für unsere Sünden gestorben ... Was heißt das heute? Was heißt es für mich?

Ein Vater-Sohn-Verhältnis, das tödlich endet!

Ein Opferbild, das Frauen aus ihrer eigenen Lebenserfahrung heraus als zutiefst lebensfeindlich erleben: Opfer setzen keine Lebenskräfte frei und verlangen stetig neue Opfer.

Gibt es aber in der Bibel andere befreiende Bilder von Erlösung oder Befreiung?

Freundestod statt Sühnetod

Als ich auf einer großen Veranstaltung in Schwäbisch Hall den Zuhörenden klarzumachen versuchte, dass Jesus nicht ein gehorsames Opfer gebracht, sondern aus selbstbestimmter Hingabe sein Leben riskiert habe, fragte eine Frau kritisch, wo denn das in der Bibel zu finden sei. Ich stutzte einen Moment, aber dann fiel mir das Johannesevangelium ein, in dem Jesus mit allen Außenseitern, Frauen und Männern an einem Tisch sitzt, nicht nur, um sie satt zu machen, sondern um ihnen auch einen Platz in der menschlichen Gemeinschaft zurückzugeben. Erlösung/Befreiung war hier das Angenommensein aus Einsamkeit, Verachtung, schuldhaften Zusammenhängen. Doch solch ein Mahl war ein Tabubruch, den die ehrenwerte Gesellschaft nicht verkraften konnte und der Jesus, der mit Zöllnern und Sündern tafelte, schließlich das Leben kostete. Jesus starb hier nicht für unsere Sünden, sondern für seine Freunde und Freundinnen, denen er Gemeinschaft, Sättigung und Angenommensein angeboten hatte. Nicht der »arme, elende, sündige Mensch«, der in unserer Kirchenkultur so hochgehalten wird, sondern die Ausgestoßenen, die Randsiedler, die Unbeachteten stehen hier im Zentrum.

Nicht Sünde und Vergebung, sondern Isolation und Annahme sind Merkmale der Erlösung! »Annahme« klingt lieb und harmlos, aber sie setzt eine Souveränität voraus, die das »Fremde« zutiefst bejaht.

Nun schloss sich für mich der Kreis in wunderbarer Weise, denn im Hintergrund dieser Tischgemeinschaft taucht die alttestamentliche Weisheit, Gott in weiblicher Gestalt auf, die alle – ohne jede Voraussetzung – einlädt. Jesus handelt seinem weiblichen Vorbild entsprechend, und die Mahlgemeinschaft wird Bild für eine andere Erlösung, ohne männliche Dominanz, die Erfahrung des Einander-Annehmens, das Auslöschen von Einsamkeit, Schuld, Selbstverachtung.

Nicht ein weibliches Gottsein, nicht eine transzendente Mutter sind mir seither wichtig. Wohl aber ein alternatives Verständnis von Erlösung und Heilung. Seitdem bewegt mich der in Theologie und Kirche so lange vergessene Gedanke der Gottesfreundschaft. Freunde sind nie gleich. Sie sind sogar sehr verschieden, und daraus entsteht dann erst der Reiz einer Beziehung. Einer ist höher, eine ist klüger, nur Gleichheit ist langweilig. In Freundschaft gibt es auch Distanz. Selbst ein Freund, eine Freundin kann einem fremd werden. So bleibt Gott auch Gott in der Gottesfreundschaft. Freundschaft ist zugleich ein soziales Modell, ein steter Protest gegen eine Gesellschaft aus Hierarchien und Abhängigkeiten. Eine Möglichkeit: Partnerschaften und Ehen neu zu sehen und Eltern-Kind-Beziehungen zu entspannen. Freundschaften – eine Kultur im Reiche Gottes, in der Geschlechterrollen nicht dominieren. Eine verborgene Tradition, deren Wurzeln in die Bibel reichen.

Fremd wird mir bleiben, Gott korrekt weiblich und männlich in den Vorstellungen einer Gleichstellungsbehörde zu sehen, wie es die »Bibel in gerechter Sprache« tut. Die Bibel neu unter solchen Aspekten zu lesen mag eine intellektuelle Herausforderung sein. Aber mir ist

»die« oder »der« Ewige zu unpersönlich. Ein Adonaj lässt mich kalt. Zum »Ursprung des Lebens«, von dem ich herkomme, kann ich nicht beten, und Jesus in Gethsemane solch ein Gebet in den Mund zu legen ist für mich geschmacklos. Gott ist nicht korrekt, sondern leidenschaftlich, und wir gehen mit unserer Correctness an Gottes Leidenschaft zum Leben vorbei.

Gott bleibt für mich ein Du, ein Gegenüber, eine Person, eine Herausforderung.

Ich sehe Gott aber auch in vielen Bildern wieder: in den Göttinnen- und Gottessehnsüchten vieler Religionen, in Vorstellungen von der Mater Materia, der heiligen Erde, im Gesicht eines Kindes und in den altersfleckigen und noch immer neugierigen Gesichtern alter Frauen.

Mein Gott-Vaterbild habe ich nicht beiseite gelegt. Es hat sich aber ausgeweitet und mich bereichert. Aus einem hohen, einsamen Himmel ist Gott auf unsere Erde, in unsere Gesellschaften, in jeden Alltag mit Konflikten und Freuden gekommen. In Jesu Geschichte spiegelt sich Gott wider, Gott, der leidet und ohnmächtig ist, der fern und dunkel bleiben kann und uns ohne Antwort lässt. Aber auch Gott, der für uns Gemeinschaft und Genuss will und uns als Freund an seinen Tisch ins Leben zurückholt.

Gott hat für mich eine Geschichte bekommen, eine weibliche Geschichte mit einem weiblichen Gesicht, der ich mich mit allen Sinnen nähern kann. Diese Geschichte spielt nicht mehr auf den Straßen einer orientalischen Stadt. Sie spielt hier und heute, wo ein Mensch akzeptiert wird mit allem, was er ist und was er nicht hat, und dabei Heilung erfährt. Die Orte und Anlässe sind sehr verschieden. Ich erfahre diese Geschichte auch für mich und in mir selbst, und in dieser Gottesgeschichte kann es sich ereignen, dass darin das Gesicht der Mutter durchscheint, das uns zuerst ansah und uns zuerst den Mut zum Leben gab: Es ist gut zu leben!

Literaturhinweise

Arendt Hannah, Vita activa, München 1960.

Dies., Denken ohne Geländer, Texte und Briefe, München 2005.

Begley Louis, Mistlers Abschied, Frankfurt 2000.

Brock Rita Nakashima, Proverbs of Ashes, Boston 2001.

Elliger Katharina, Und tief in der Seele das Ferne, Reinbek 2004.

Fromm Erich, Die Kunst des Liebens, Frankfurt 1982.

Gaarder Jostein, Das Leben ist kurz. Vita brevis, München 1996.

Gebara Ivone, Die dunkle Seite Gottes, Freiburg 2000.

Jörns Klaus-Peter, Notwendige Abschiede, Gütersloh 2004.

Kristeva Julia, Das weibliche Genie, Hannah Arendt, Berlin 2001.

Kütemeyer Mechthild, Erzählen ist eine Spur zum Schmerz, Publik-Forum 22/2004.

Moers Wenig Margaret, Gott ist eine Frau – und sie wird älter, Ev. Theologie 52/1992.

Moltmann-Wendel Elisabeth, Ein eigener Mensch werden – Frauen um Jesus, Gütersloh 2002[9].

Dies., Macht der Mütterlichkeit. Die Geschichte der Henriette Schrader-Breymann, Berlin 2003.

Dies., Wach auf, meine Freundin, Die Wiederkehr der Gottesfreundschaft, Stuttgart 2000.

Olivier Christiane, Jokastes Kinder, Düsseldorf 1987.

Prätorius Ina, Handeln aus der Fülle, Gütersloh 2005.

Radebold Hartmut, »Dir ist was Schreckliches passiert«, Der Spiegel 17/2005.

Richter Horst Eberhard, Der Gotteskomplex, Reinbek 1979.

Schmid Wilhelm, Philosophie der Lebenskunst, Frankfurt 1998.

Strahm Doris, Vom Rand in die Mitte, Luzern 1997.

Sturm Vilma, Alte Tage, München 1988.

Walker Alice, Die Farbe Lila, Reinbek 1984.

Wallis Velma, Zwei alte Frauen, München 1994.

Wander Maxie, Guten Morgen, du Schöne, Darmstadt 1978.

Dies., Leben wär' eine prima Alternative, Darmstadt 1980.

Martin Bauschke: Abraham und Aschenputtel
Brückenschlag zwischen Bibel und Märchen
Gerhard Begrich / Jörg Uhle-Wettler: Vergessene Texte. Assoziationen
Mit den fünf Büchern Mose / den Propheten / den Psalmen / den Apokryphen durch das Kirchenjahr (4 Bde, auch einzeln)
Peter Bichsel: Möchten Sie Mozart gewesen sein?
Wolfgang Erk (Hg): Für diesen Tag und für alle Tage Deines Lebens.
Wolfgang Erk (Hg): Literarisches Geburtstagsbuch
Wolfgang Erk (Hg): Viele gute Wünsche. Literarische Annäherungen
Marcell Feldberg (Hg): Tod und Abschied
Texte zur Trauer und darüber hinaus
Traugott Giesen: Macht hoch die Tür
Predigten und Kolumnen für die Weihnachtszeit
Traugott Giesen: Tage - Jahre - Leben. Neue Kolumnen
Gisela und Ulrich Häussermann (Hg): Frauengedichte der Welt
Albrecht Haizmann: Himmlisch einfach. Predigten und Andachten
Klaus-Peter Hertzsch: Der ganze Fisch war voll Gesang
Klaus-Peter Hertzsch: Laß uns vorwärts in die Weite sehn
Texte zu meiner Biographie
Klaus-Peter Hertzsch: Sag meinen Kindern, dass sie weiterziehn
Erinnerungen
Reinhard Höppner: Wandern über das Wasser
Begegnungen zwischen Bibel und Politik
Walter Jens: Die vier Evangelien
Walter Jens: Der Römerbrief
Walter Jens: Das A und das O. Die Offenbarung
Walter Jens: Der Teufel lebt nicht mehr, mein Herr!
Erdachte Monologe - Imaginäre Gespräche
Eberhard Jüngel: Anfänger. Herkunft und Zukunft christlicher Existenz
Eberhard Jüngel: Beziehungsreich. Perspektiven des Glaubens
Eberhard Jüngel: Predigten 1 - 6 *(auch einzeln erhältlich)*
Eberhard Jüngel: Unterwegs im Kirchenjahr. Festtagspredigten
Otto Kaiser: Das Buch Hiob. Übersetzt und eingeleitet
Otto Kaiser: Kohelet. Der Prediger Salomo übersetzt und eingeleitet
Otto Kaiser: Weisheit für das Leben
Jesus Sirach übersetzt und eingeleitet
Reiner Kunze: Die Aura der Wörter
Denkschrift zur Rechtschreibreform. Mit einem Zwischenbericht
Reiner Kunze: Bleibt nur die eigne Stirn. Ausgewählte Reden
Matthias Loerbroks (Hg): Ein Jahr mit Paul Gerhardt. 30 Lied-Predigten
Gerd Lüdemann: Das Judas-Evangelium u. das Evangelium nach Maria
Gerd Lüdemann / Martina Janßen: Bibel der Häretiker. Nag Hammadi
Henning Luther: Frech achtet die Liebe das Kleine
Spätmoderne Predigten

Henning Luther: Religion und Alltag
Bausteine zu einer Praktischen Theologie
Kurt Marti: DU. Rühmungen
Kurt Marti: Fromme Geschichten
Kurt Marti: geduld und revolte. die gedichte am rand
Kurt Marti: Die gesellige Gottheit. Ein Diskurs
Kurt Marti: gott gerneklein. gedichte
Kurt Marti: Gott im Diesseits. Versuche zu verstehen
Kurt Marti: Prediger Salomo. Weisheit inmitten der Globalisierung
Kurt Marti: Die Psalmen. Annäherungen
Kurt Marti: Schöpfungsglaube. Die Ökologie Gottes
Kurt Marti: Ungrund Liebe. Wünsche - Klagen - Lieder
Gerhard Marcel Martin: Das Thomas-Evangelium
Gerhard Marcel Martin: Was es heißt: Theologie treiben
Eberhard Müller: Architektur der Gerechtigkeit. Ein Wirtschaftskonzept
Gottfried Orth: Wie im Himmel, so auf Erden
Das Vaterunser heute beten und verstehen
Ingeborg Ronecker: JerusalemJahre. Von Intifada zu Intifada
Ingeborg und Karl-Heinz Ronecker: Liebenswertes Jerusalem
Erfahrungen jenseits von Haß und Gewalt
Martin Scharpe (Hg): Heilige Nacht. Heiliger Tag
Die 100 schönsten Weihnachtsgedichte und -geschichten
Martin Scharpe (Hg): Erdichtet und erzählt I und II
Das Alte / Das Neue Testament in der Literatur
Wieland Schmied: Bilder zur Bibel
Maler aus sieben Jahrhunderten erzählen das Leben Jesu
Wieland Schmied: Von der Schöpfung zur Apokalypse
Bilder zum Alten Testament und zur Offenbarung
Friedrich Schorlemmer: Die Weite des Denkens und die Nähe zu den
Verlorenen. Einlassungen auf Texte des Evangelisten Lukas
Olaf Schumann: Zentrale Texte des Glaubens
Rudolf Smend: Wohltuendes Durcheinander. Biblische Predigten
Fulbert Steffensky: Mut zur Endlichkeit
Sterben in einer Gesellschaft der Sieger
Fulbert Steffensky: Schöne Aussichten. Einlassungen auf biblische Texte
Fulbert Steffensky: Schwarzbrot-Spiritualität
Holger Tiedemann: Paulus und das Begehren
Rosemarie Wagner-Gehlhaar (Hg): Was glauben Sie?
60 Prominente antworten
Hanna Wolff: Jesus als Psychotherapeut
Hanna Wolff: Jesus der Mann
Eva Zeller: Das unverschämte Glück. Neue Gedichte

Radius-Verlag · Alexanderstraße 162 · 70180 Stuttgart
Fon 0711.607 66 66 Fax 0711.607 55 55
www.Radius-Verlag.de e-Mail: info@radius-verlag.de